公式 ディズニーまるごと完全ガイドBOOK

「ディズニーファン・チャレンジ 2024」
全問題と解答＆解説つき

CONTENTS

公式 ディズニーまるごと完全ガイドBOOK
「ディズニーファン・チャレンジ2024」全問題と解答＆解説つき

4 ディズニーファン・チャレンジ with 中間淳太 Quiz

126 ディズニーファン・チャレンジ with 中間淳太 Answer

ディズニーの世界とは……

1928年、ウォルト・ディズニーがミッキーマウスを作り出したのが最初の一歩でした。製作された短編や長編アニメーションは劇場で公開される時代でした。その後、1950年代のテレビの普及、1990年代のCGアニメーションの台頭……新しい技術や文化が生まれるたびにそれらを吸収し、発展を繰り返すディズニーの世界は、ますます広がりを見せています。

ミッキーと仲間たち

1928年にデビューしたミッキーマウスを筆頭に、カートゥーンと呼ばれる、短編アニメーションのキャラクターたちが活躍する世界。

↑ミッキーとミニーを中心に、ドナルド、デイジー、プルート、グーフィーの6キャラクターは「ビッグ6」と呼ばれている。

↑2013年にディズニー・チャンネルでスタートしたシリーズ「ミッキーマウス！」は、懐かしいドタバタギャグと斬新なタッチの融合で、新風を吹き込んだ。

テレビシリーズは、劇場公開作品から派生したものが多い。画像は、1989年にスタートした「チップとデールの大作戦 レスキュー・レンジャーズ」。

↑ディズニーストアで人気の、フェイスのぬいぐるみTSUM TSUMの画像を集めてつなげるゲーム「LINE：ディズニー ツムツム」は、2014年にスタート。

ディズニー映画

1937年、ウォルト・ディズニーが製作した世界初の長編カラーアニメーション『白雪姫』から始まり、2024年までに60以上の長編アニメーションを世に送り出しました。ウォルトが携わった最後の作品『ジャングル・ブック』、第2の黄金期の始まり『リトル・マーメイド』、50作目となった『塔の上のラプンツェル』、新時代の幕開け作品『アナと雪の女王』などの長編アニメーションの他、『メリー・ポピンズ』を筆頭とした、実写＋アニメーション作品など、記念碑的な名作は尽きません。

←『白雪姫』では原作のグリム童話を大幅にアレンジし、名も無いこびとたちに名前と個性を与えた。

↓女王／魔女は、ディズニー作品初の「ディズニーヴィラン」。

↑2013年に公開され（日本は2014年）、「レリゴー」のメロディーが社会現象となった『アナと雪の女王』。

→1950年の『宝島』以降、製作され続ける実写作品も名作ぞろい。画像はディズニー・チャンネルから生まれた、ヴィランズの子どもたちの物語『ディセンダント』。

6	「ディズニーファン・チャレンジ」ってなに？	71	Chapter 4	ディズニーファン・チャレンジ ディズニーの雑学と歴史編　Quiz & Answer
9	Chapter 1　ディズニーの仲間たち	79	Chapter 5	ディズニー100年の歴史
	10／ミッキーマウスと仲間たち	97	Chapter 6	東京ディズニーリゾートの歴史
	12／ディズニープリンセス	104	Chapter 7	ディズニーの記念日と四季
	14／ディズニープリンス			
	16／ヒーロー、ヒロイン	46	ディズニーファン・チャレンジ＋　Part1	
	18／ディズニーヴィランズ	96	ディズニーファン・チャレンジ＋　Part2	
	20／ピクサー・アニメーション・スタジオ	122	もっと、ディズニーについて知りたい人のための本	
	22／動物たち			
	24／主人公を助ける友だち			
	26／魔法使いや妖精			

27　Chapter 2　ディズニーファン・チャレンジ
　　東京ディズニーリゾート編　Quiz & Answer

47　Chapter 3　ディズニーファン・チャレンジ
　　アニメーション映画編　Quiz & Answer

この本の情報は2025年4月2日現在の情報に基づいています。
最新情報については下記をご確認ください。
●映画やその他については……
　ディズニーの公式サイト　https://www.disney.co.jp
●東京ディズニーリゾートについては……
　東京ディズニーリゾート・オフィシャルウェブサイト
　https://www.tokyodisneyresort.jp

PIXAR

ピクサーアニメーション

　CGアニメーション会社、ピクサー・アニメーション・スタジオが製作するアニメーション。1995年、世界初のフルCG長編アニメーション『トイ・ストーリー』から、ディズニーとピクサーの関わりが始まった。オモチャの世界を皮切りに、モンスターたちが活躍する『モンスターズ・インク』、魚たちを描いた『ファインディング・ニモ』などなど、独自の世界観で創られた作品で知られます。

↑『トイ・ストーリー』のウッディとバズ・ライトイヤーは、その後のピクサーを象徴する永遠のキャラクターになった。

↑製作するごとに技術革新があるのもピクサーならでは。『モンスターズ・インク』では、サリーのふさふさした毛並みを作るためにソフトを開発。

→ウッディとバズの攻防から始まったオモチャたちの物語は、2019年までに長編が4作製作され、数々のスピンオフ作品も生まれた。

→スピンオフの短編も、ピクサーのお家芸。『カールじいさんの空飛ぶ家』から派生し、その後の物語『ダグの日常』シリーズは、ディズニープラスで2021年から配信。

STAR WARS

『スター・ウォーズ』

　ジョージ・ルーカスが創り上げたSFシリーズ。1977年に公開された『スター・ウォーズ』（『エピソード4／新たなる希望』）を筆頭に、銀河系の壮大な叙事詩が描かれます。2015年公開の『スター・ウォーズ／フォースの覚醒』からディズニー配給作品となりました。

MARVEL

MCU　マーベル・シネマティック・ユニバース

　アメリカの「マーベル・コミック」を原作とした、スーパーヒーローたちが主人公の映画やテレビシリーズ。実写が中心で、マーベル・スタジオが製作します。2012年公開の『アベンジャーズ』からディズニー配給作品となり、『アイアンマン』『ガーディアンズ・オブ・ギャラクシー』などのシリーズ作品があります。

ディズニーファン・チャレンジ with 中間淳太

JUNTA NAKAMA Quiz

アイドルの中間淳太さんは自他共に認めるディズニー通。大学の卒論ではテーマパークの論文を書き、ディズニーについて研究したほど、長年、ディズニーに関する知識を深めてきました。オフ日には東京ディズニーリゾートへ通い、ディズニー映画を英語の字幕まで確認し、常にディズニーのグッズチェックも欠かさない、あらゆるDisneyを愛する「Dヲタ」男子なのです。

そんな中間さんが、オンラインクイズイベント「ディズニーファン・チャレンジ」のためにクイズを考案してくれました。クイズイベントに参加した人、中間さんの問題に答えられたかな？　この紙面で、クイズを公開しちゃいましょう。

僕にとってディズニーとは、生きがいです。

クイズを考えるのは難しかったですよ。どんなジャンルにしようか？　好きなキャラクター？　悩みましたが、自分的に「テンションが上がったテーマ」を問題にしました。知ったときに「そうやったんや！」と思ったようなテーマです。

それではどうぞ！

中間 淳太　なかま じゅんた
1987年10月21日生まれ。日本の歌手、俳優、タレント、アイドル。男性アイドルグループ・WEST.のメンバー。

ミッキーとおそろいの衣装だよ！

ディズニープリンセスコース の出題

Q1 『シンデレラ』(1950) より
映画『シンデレラ』に登場するネズミのガス。実はこの名前、略称です。シンデレラがつけた彼の本当の名前はなんでしょう？

① ガストン
② オクトーバー
③ オクタヴィアス
④ トラガス

推しキャラを教えて！

ドナルドが大好き！

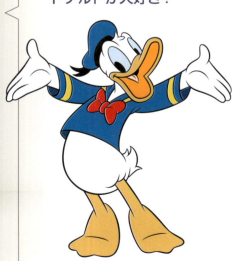

初恋はジャスミン♡
アラジンも大好き！

撮影／水野昭子　スタイリング／内田あゆみ (creative GUILD)　ヘアメーク／井上ゆか
衣装／CIAOPANIC TYPY　SKECHERS/株式会社 凛　その他スタイリスト私物

チャレンジコース の出題

Q2 『かしこいメンドリ』(1934)より
ドナルドダックのスクリーンデビュー作、『かしこいメンドリ』。そこでドナルドダックはなんの楽器にあわせてステップを踏んでいたでしょうか？

① ギター
② アコーディオン
③ サックス
④ フルート

Q4
カリフォルニアのディズニーランド内には、ウォルト・ディズニーの作業場がありました。何の建物にあったでしょうか？

① 眠れる森の美女のお城
② 消防署
③ 警察署
④ 迷子センター

Q3 現実の世界で宇宙に行ったことのあるキャラクターは誰？

① バズ・ライトイヤー
② リトルグリーンメン
③ ザーグ
④ グリーンアーミーメン

答えと解説はP126を見てね。

知的で自分の意思を貫くベルも好き。ベルのドレスは黄色。僕のメンバーカラー！

ファンタジースプリングスに行ってアトラクションを体験してから、アナがめっちゃ好きになった。妹に欲しいです。

ガスとかデールとかピノキオとか、かまってあげたくなるようなキャラもいい。

見た目とのギャップが好き。イーヨー、バターカップ、ハムは見た目はかわいいのに、声が低くて、ブラックジョークを言ったりする。

「ディズニーファン・チャレンジ」ってなに？

もっとディズニーを知って、もっとディズニーを好きになりたい人のための、ディズニー公式オンラインクイズイベント。1950年代より日本でディズニー出版物を作り続けている講談社の出版物をベースにして作成されています。日本初の試みとなった第1弾は、2023年11月1日から2024年1月15日まで開催。第2弾は2024年11月1日から2025年1月5日まで開催されました。

メインアートは
アカデミックガウンにタッセルつきハットのミッキーたち

第2弾の「ディズニーファン・チャレンジ 2024」はこんなコースが！

	ライトコース	ディズニープリンセスコース	チャレンジコース
	クイズイベントが初めてでも気軽に参加できる	プリンセス好きな人向き	ディズニー知識をもっと増やしたい人向き
問題数	20問	20問	40問
制限時間	20分	20分	30分
内容	東京ディズニーリゾート：8問 アニメーション映画：10問 その他　ディズニー雑学：2問	東京ディズニーリゾート：7問 アニメーション映画：11問 その他　ディズニー雑学：2問	東京ディズニーリゾート：13問 アニメーション映画：19問 ウォルト・ディズニーと歴史：5問 その他　ディズニー雑学：3問
難易度	★★☆☆☆	★★★☆☆	★★★★★
特典	右ページ参照	右ページ参照	右ページ参照
参加料金	1500円（税込み）	4000円（税込み）	4000円（税込み）

参加者にはこんな特典がありました

参加者全員オリジナル特典

ライトコース

認定証（デジタル）

壁紙（PC用、スマートフォン用）

満点特典

お名前入りのスマホ壁紙（デジタル）

ディズニープリンセスコース

認定証（デジタル/カード）

Front　　　　Back

壁紙（PC用、スマートフォン用）

エコバッグ

Front　　Back

巾着

Front　　Back

チャレンジコース

認定証（デジタル/カード）

Front　　　　Back

壁紙（PC用、スマートフォン用）

エコバッグ

Front

Back

2024年版 参加者限定のオンラインショップで購入できたグッズ（全て税込、送料込）

ミッキー＆ミニーぬいぐるみセット　1万6500円（税込み）

「ディズニーファン・チャレンジ」メインアートのミッキー＆ミニーがぬいぐるみになった！タッセルつきの帽子と靴の裏のロゴが、スペシャル感満載です。全長約37cm、座り約24cm。

ディズニープリンセスTシャツ（S/M/L、シンデレラ/アリエル/ベル/ジャスミン/ラプンツェル）　各4620円（税込み）

「ディズニーファン・チャレンジ」のために描き下ろされたディズニープリンセス5人のTシャツです。ラフなタッチが大人っぽくておしゃれ。サイズはS・M・Lの3展開。

※グッズの販売は終了しています。（2025年4月2日時点）

2023年版
第1回「ディズニーファン・チャレンジ」

2023年 第1回「ディズニーファン・チャレンジ」のメインアート

参加者限定のオンラインショップで購入できたグッズ付きムック

すべてのグッズとセットになったポストカードBOOK

クリアファイル ミッキーデザインセット1500円

クリアファイル ミニーデザインセット1500円

スマホグリップ 2640円

巾着セット 2640円

トートバッグ 7800円

エコバッグ 2640円

Tシャツ（ホワイト/ブラック）各5800円

※グッズ付きムック（&ポストカードBOOK）の販売は終了しています。（2025年4月2日時点）

※金額はすべて税込みです。

Chapter 1
ディズニーの仲間たち

Characters

ディズニーにはさまざまなキャラクターがいます。
麗しいプリンセスやヒロインたち、恐ろしいヴィランズ、
オモチャやロボット、魚や動物や妖精たち……。
全員に共通していることは、映像やコミックなどから生まれているということ。
みんな、ストーリーを持っているのです。
この章では、ディズニーには欠かせない、
主役級のキャラクターたちを紹介しましょう。

Characters

ミッキーマウスと仲間たち

ミッキーとミニーがデビューしたのは1928年。「ミッキーマウス・シリーズ」などの短編が次々に製作され、どんどん仲間が増えていきました。

Mickey Mouse ミッキーマウス

大きくて丸い耳、豊かな表情が世界中で愛されている、ディズニーを代表するキャラクター。正義感が強くて純粋な心を持っています。ウォルト・ディズニーの「すべては1匹のネズミから始まった」というセリフでも有名。

《デビュー年月日》1928年11月18日
《デビュー作》『蒸気船ウィリー』
《通称》ミッキー

Minnie Mouse ミニーマウス

ミッキーといっしょにデビューした、彼の永遠のガールフレンド。明るくて思いやりがあります。おしゃれが大好きで、みんなのファッションリーダーでもあります。デビュー当時は帽子にお花をつけたスタイル。その後、大きなリボンに変化しました。

《デビュー年月日》1928年11月18日
《デビュー作》『蒸気船ウィリー』
《通称》ミニー

Morty and Ferdy モーティーとフェルディ

ミッキーのやんちゃな甥っ子たち。コミックでデビューしました。

Pluto プルート

ミッキーの愛犬。人なつこくて、ご主人様に忠実です。デビュー作では、大型犬ブラッドハウンドとして登場しましたが、まだ名前はありませんでした。『ミッキーのピクニック』(1930)ではローヴァーという名前で登場し、『ミッキーの大鹿狩り』(1931)でプルートという名前がつきました。

《デビュー年月日》1930年9月5日
《デビュー作》『ミッキーの陽気な囚人』
《通称》プルート

Pete ピート

ミッキーの宿敵の大きな山猫。『蒸気船ウィリー』でも、ミッキーと戦っています。実は、ピートはミッキーよりも先に「アリス・コメディー」というシリーズでデビューした、先輩キャラクターです。

Horace Horsecollar ホーレス・ホースカラー

ミッキーの古い仲間で、短編シリーズに登場しています。ホーレスはウマ、クララベルはウシです。

Clarabelle Cow クララベル・カウ

Fifi フィフィ

Dinah ダイナ

プルートの彼女たち

Chapter 1

ドナルドダック
Donald Duck

《デビュー年月日》
1934年6月9日
《デビュー作》
『かしこいメンドリ』
《通称》
ドナルド

短気で負けず嫌い、自己中心的だけど、どこか憎めないアヒルです。グワッグワッという独特のしゃべりかたは有名ですよね。本名はドナルド・フォントルロイ・ダックらしい。デイジーに夢中。

デイジーダック
Daisy Duck

《デビュー年月日》
1937年1月9日
《デビュー作》
『ドナルドのメキシカン・ドライブ』
《通称》
デイジー

おしゃれでセクシーな、ドナルドの永遠のガールフレンド。『ドナルドのメキシカン・ドライブ』ではドンナ・ダックという名前でデビューしました。デイジーダックとして登場したのは、1940年の『ドナルドのダンス大好き』。

スクルージ・マクダック
Scrooge McDuck

ドナルドのおじさんでお金持ちのアニル。1967年の『スクルージ・マクダックとお金』でスクリーンデビューしました。

ヒューイ、デューイ、ルーイ
Huey, Dewey & Louie

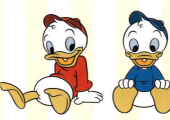

ドナルドの、生意気で腕白な甥っ子たち。1938年の『ドナルドの腕白教育』でデビューしました。

グーフィー
Goofy

《デビュー年月日》
1932年5月25日
《デビュー作》
『ミッキー一座』
《通称》
グーフィー

お人好しでいつもハッピーな性格です。『ミッキー一座』ではディピー・ダウグ（おかしな犬）という名前でデビュー。そのおとぼけぶりが買われて仲間入りし、『ミッキーの芝居見物』(1934)でグーフィーという名前がつきました。

チップ＆デール
Chip 'n' Dale

《デビュー年月日》
1943年4月2日
《デビュー作》
『プルートの二等兵』
《通称》
チップ　デール

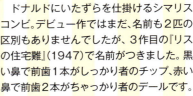

ドナルドにいたずらを仕掛けるシマリスコンビ。デビュー作ではまだ、名前も2匹の区別もありませんでしたが、3作目の『リスの住宅難』(1947)で名前がつきました。黒い鼻で前歯1本がしっかり者のチップ、赤い鼻で前歯2本がちゃっかり者のデールです。

マックス Max

グーフィーの息子。ダンスが得意で、ドジな父親がちょっぴり恥ずかしい年頃の14歳。1992年のテレビシリーズで人気者に。

クラリス
Clarice

1952年の『リス君は歌姫がお好き』に登場した歌姫。セクシーな仕草でチップとデールを悩殺します。

※各データは編集部調べです。映画の公開年は、アメリカで公開された年です。

Characters

ディズニープリンセス

いつの時代も、ディズニーの物語に登場するプリンセスは小さな女の子たちの憧れでした。その勇気と優しさは、周囲を明るく照らします。

白雪姫 Snow White

雪のような白い肌にバラのような赤いくちびる、漆黒の髪を持つ純真なプリンセス。美しい歌声は通りがかりの王子も、森の動物たちも魅了します。継母に殺されそうになり、森の奥の7人のこびとの家にかくまわれます。

《デビュー年月日》
1937年12月21日
《デビュー作》
『白雪姫』

シンデレラ Cinderella

父親亡き後、継母と2人の義姉にこき使われますが明るく働く、ポジティブな娘です。フェアリー・ゴッドマザーの魔法で銀青色のドレスとガラスの靴を身に着け、カボチャの馬車でお城の舞踏会へ。王子と出会います。

《デビュー年月日》
1950年2月15日
《デビュー作》
『シンデレラ』

オーロラ姫 Princess Aurora

王女として生まれながら、魔女の呪いのため、森の娘ブライア・ローズとして、3人の妖精に育てられました。美しい歌声とたおやかさ、優しさを持っています。フィリップ王子と運命の出会いをします。

《デビュー年月日》
1959年1月29日
《デビュー作》
『眠れる森の美女』

ポカホンタス Pocahontas

アメリカ先住民パウアタン族の首長の娘で、大地を崇め風と語る自由奔放な魂の持ち主。イギリスの探検隊の一員ジョン・スミスと恋に落ちます。歴史上では、アメリカとイギリスの架け橋となる、実在した人物です。

《デビュー年月日》
1995年6月23日
《デビュー作》
『ポカホンタス』

ムーラン Mulan

《デビュー年月日》
1998年6月19日
《デビュー作》
『ムーラン』

古の中国の、由緒あるファ家のひとり娘。家族思いの優しい性格ですが、古いしきたりに縛られることを嫌う、強く自由な心の持ち主でもあります。年老いた父の代わりに男装して徴兵に応じ、戦場に赴きます。中国の伝説『木蘭辞』の主人公。

ティアナ Tiana

ジャズの発祥地ニューオーリンズで、自分のレストランを開くことを夢見て働く娘。真面目で頑張り屋ですが、カエルに変えられたナヴィーン王子に頼まれてキスをしてあげたら、自分もカエルの姿になってしまいます！

《デビュー年月日》
2009年12月11日
《デビュー作》
『プリンセスと魔法のキス』

DISNEY FAN CHALLENGE

Chapter 1

アリエル Ariel

海の王トリトンの、7番目の末娘。人間の王子エリックに恋をする、奔放な人魚のプリンセスです。姉妹のなかで一番歌が上手ですが、海の魔女と取引をして声の代わりに人間の足をもらい、憧れの人間世界へ身を投じます。

《デビュー年月日》
1989年11月17日
《デビュー作》
『リトル・マーメイド』

ベル Belle

本と空想の世界が大好きな美しい娘。外見で人を判断せず、一度決めたことは絶対に曲げない意思の強さを持っています。呪いで野獣に変えられた王子と反目しあいますが、だんだんお互いに惹かれていきます。

《デビュー年月日》
1991年11月22日
《デビュー作》
『美女と野獣』

ジャスミン Jasmine

砂漠の王国アグラバーの、賢くて勝ち気な王女。王子と結婚させられるしきたりに反発し、お忍びで出かけた下町で貧しい青年アラジンと出会います。彼といっしょに魔法のじゅうたんに乗り、夜空を旅します。

《デビュー年月日》
1992年11月25日
《デビュー作》
『アラジン』

ラプンツェル Rapunzel

21mもの長い髪を持ち、高い塔の中で暮らす少女。実は、育ての親ゴーテルに誘拐されたプリンセス。魔法の髪は傷を癒やす力を持っています。フリン・ライダーといっしょに旅するうちに恋に落ちます。

《デビュー年月日》
2010年11月24日
《デビュー作》
『塔の上のラプンツェル』

メリダ Merida

ダンブロッホ王国の王女。愛馬で森を駆けるのが大好きな弓の名手で、エレガントにしつけようとする母エリノアに反発しています。なお、メリダはピクサー作品の主人公。異色のプリンセスです。

《デビュー年月日》
2012年6月22日
《デビュー作》
『メリダとおそろしの森』

モアナ Moana

南の楽園モトゥヌイの村長の娘。努力家で強い信念を持っています。海に選ばれた存在となったモアナは、世界を救うために航海に出て、母なる島テ・フィティの心を取り戻すのでした。この3年後、続編『モアナと伝説の海2』（2024）で、モアナは再び大海原へ漕ぎ出します。

《デビュー年月日》
2016年11月23日
《デビュー作》
『モアナと伝説の海』

ラーヤ Raya

ハートの国の長ベンジャの娘。"龍の石"の守護者で、剣の腕を磨いた屈強な戦士です。昔のトラウマがあり、人を信じられません。魔物ドルーンによって石化した父を取り戻すため、世界を救えるはずの龍、シスーを探し出していっしょに旅をします。

《デビュー年月日》
2021年3月5日
《デビュー作》
『ラーヤと龍の王国』

※各データは編集部調べです。映画の公開年は、アメリカで公開された年です。

Characters
ディズニープリンス

ディズニーの物語には、王子様的な存在がつきものです。優しくて勇気があって、魅力的なディズニーの王子様たちをご紹介しましょう。

王子 Prince

《デビュー年月日》
1937年12月21日
《デビュー作》
『白雪姫』

白雪姫の美しい歌声に導かれて彼女と出会い、ひと目で恋に落ちます。姫が毒リンゴで眠りについたとき、真実の愛のキスをして目覚めさせます。

王子（プリンス・チャーミング） Prince Charming

《デビュー年月日》
1950年2月15日
《デビュー作》
『シンデレラ』

父王が開いた花嫁探しの舞踏会で、出会ったシンデレラに一目惚れ。ガラスの靴を片方落として去った彼女を、国中探し回って結婚します。

《デビュー年月日》
1959年1月29日
《デビュー作》
『眠れる森の美女』

フィリップ王子 Prince Phillip

オーロラ姫の国の隣国の王子。父王同士が仲がよく、幼い頃に姫と婚約しています。森の奥で出会った乙女が、実は婚約者とは知らずに恋に落ちます。

エリック王子 Eric

《デビュー年月日》
1989年11月17日
《デビュー作》
『リトル・マーメイド』

気さくでハンサムな王子。笛を吹くのが上手。海が好きで船乗りでもあり、仲間からも人気があります。アリエルは、船上パーティーで見かけた彼に一目惚れ。

野獣／ビースト Beast

《デビュー年月日》
1991年11月22日
《デビュー作》
『美女と野獣』

一夜の宿を乞う醜い老婆を突き放したせいで、野獣に変えられてしまった王子。外見で物事を判断した報いを受けたのでした。魔法のバラの花びらがすべて散る前に、誰かを愛し、愛されなければ、彼と従者たちは人間に戻れません。

Chapter 1

アラジン
Aladdin

《デビュー年月日》
1992年11月25日
《デビュー作》
『アラジン』

砂漠の王国アグラバーの下町に住む青年。"こそ泥"と呼ばれ、貧しくても、真っすぐで純粋な心の持ち主。3つの願いを叶えてくれる魔法のランプを手に入れ、一目惚れした王女ジャスミンのために、王子アリ・アバブワに変身します。

ヘラクレス／ハーク
Hercules／Herc

《デビュー年月日》
1997年6月27日
《デビュー作》
『ヘラクレス』

オリンポスの最高神ゼウスと、女神ヘラの息子。冥界の王ハデスの企みによって、半神半人という体になってしまいます。神の世界に戻るため英雄修行をするうち、謎の美女メガラ（左）に出会って恋に落ちます。

シャン隊長
Shang

ムーランが所属する部隊の隊長。文武両道のエリートで、国中から集められた素人たちに武芸を教えます。ムーランが女性だとわかり、惹かれている自分に気づきます。

《デビュー年月日》
1998年6月19日
《デビュー作》
『ムーラン』

ナヴィーン王子
Prince Naveen

《デビュー年月日》
2009年12月11日
《デビュー作》
『プリンセスと魔法のキス』

遊び好きで音楽好きの、マルドニア国の王子。放蕩三昧にあきれた両親に勘当されてしまったため、お金持ちの娘と結婚しようと思っています。魔術師ファシリエにだまされてカエルに変えられ、ティアナと出会って本当の愛に目覚めます。

フリン・ライダー
Flynn Rider

《デビュー年月日》
2010年11月24日
《デビュー作》
『塔の上のラプンツェル』

顔が自慢の大泥棒。コロナ王国のティアラを盗み、迷い込んだ高い塔でラプンツェルに出会います。一緒に旅するうちに、彼女の純真さや優しさに惹かれていきます。本名はユージーン・フィッツハーバート。

ハンス
Prince Hans

《デビュー年月日》
2013年11月27日
《デビュー作》
『アナと雪の女王』

南諸島の、13番目の王子。礼儀正しくハンサムで、アナは一目惚れしてしまいます。彼もアナにプロポーズ。ところがハンスには、アレンデールを乗っ取るという下心があったのです。王子といえど、実はヴィランだったという複雑なキャラクターです。

※各データは編集部調べです。映画の公開年は、アメリカで公開された年です。

15

ヒーロー、ヒロイン

人間やエイリアン、ロボットなど、ヒーローやヒロインも大活躍のディズニー作品。2013年になると、『アナと雪の女王』のように、それまでとは異なるヒロインたちが登場しました。

⭐ ピノキオ / Pinocchio

《デビュー年月日》1940年2月7日
《デビュー作》『ピノキオ』

ゼペットさんが作った、木のあやつり人形。妖精が命を与えてくれました。正直で優しい勇気のある子になれば、本当の人間の子どもになれるのです。でも、悪いヤツにだまされたり誘惑に負けたり、受難は続きます。

⭐ ワート / Wart

《デビュー年月日》1963年12月25日
《デビュー作》『王様の剣』

中世のイギリスで暮らす、身寄りのない痩せっぽちの少年。魔法使いマーリンに見出され、誰も抜くことのできなかった石の台に突き刺さった剣を抜き放ち、のちのアーサー王となります。

⭐ ピーター・パン / Peter Pan

《デビュー年月日》1953年2月5日
《デビュー作》『ピーター・パン』

ネバーランドに住む空飛ぶ少年。永遠に大人にならないので、いつまでも少年らしく、自由奔放で気まぐれです。"ロスト・ボーイズ"とも呼ばれる迷子たちのリーダー。ウェンディ姉弟3人をロンドンから連れ出します。

⭐ モーグリ / Mowgli

《デビュー年月日》1967年10月18日
《デビュー作》『ジャングル・ブック』

インドのジャングルに置き去りにされ、オオカミ一家に育てられたやんちゃな少年。危険がいっぱいのジャングルでたくましく成長し、人間の村へ帰っていきます。

⭐ スティッチ / Stitch

《デビュー年月日》2002年6月21日
《デビュー作》『リロ&スティッチ』

悪の天才科学者ジャンバ博士が作ったエイリアンで、試作品626号。地球に不時着し、ハワイに住む少女リロに保護されてスティッチという名になりました。凶暴ですが力が強くて知能も高く、いろいろなことができます。

⭐ ロビン・フッド / Robin Hood

《デビュー年月日》1973年11月8日
《デビュー作》『ロビンフッド』

12世紀のイギリスの英雄伝説の主人公。ディズニー版ではキツネのロビン・フッドです。国王が留守のあいだに圧政で人々を苦しめるプリンス・ジョンを、得意の変装でだまして金貨を巻き上げます。

⭐ マウイ / Maui

《デビュー年月日》2016年11月23日
《デビュー作》『モアナと伝説の海』

風と海を司る半神半人。怖いもの知らずで自信満々の自惚れ野郎ですが、モアナと旅するうちにちょっと謙虚になった……かも? "神の釣り針"で何にでも変身できます。

DISNEY FAN CHALLENGE

Chapter 1

《デビュー年月日》
1951年7月28日
《デビュー作》
『ふしぎの国のアリス』

アリス
Alice

ヴァネロペ・フォン・シュウィーツ
Vanellope von Schweetz

お菓子の国のレースゲーム「シュガー・ラッシュ」のキャラクターで、欠陥プログラムとされていますが、実はこのゲームの王女。元気いっぱいでレースが大好き。レトロなゲームのキャラクター、ラルフと仲良くなり、レースの優勝を目指します。

《デビュー年月日》
2012年11月2日
《デビュー作》
『シュガー・ラッシュ』

好奇心が強くておしゃまな、イギリスの少女。時計を持った白うさぎを追いかけて穴に飛び込んだら、そこはふしぎの国でした。体が伸びたり縮んだり、こぼした涙が池になったり。へんてこな冒険が始まります。

《デビュー年月日》
2023年11月22日
《デビュー作》
『ウィッシュ』

ミラベル・マドリガル
Mirabel Madrigal

コロンビアにある、魔法の力に包まれた家で暮らすマドリガル家の三女。さまざまな"魔法のギフト"を持った家族のなかで、1人だけギフトを持たない普通の少女です。持ち前の明るさと行動力で家族を救います。

ベイマックス
Baymax

《デビュー年月日》
2014年11月7日
《デビュー作》
『ベイマックス』

サンフランソウキョウ工科大学の学生タダシ・ハマダが作った、人の心と体を癒やすケア・ロボット。タダシが亡くなった後、弟のヒロ（上）に託されます。ヒロが作った赤い装甲をつけると、すごいスピードで空を飛びます。

アーシャ
Asha

"願いが叶う国"ロサスで暮らす、もうすぐ18歳になる少女。みんながマグニフィコ王に願いを捧げるなか、隠された真実に気がつきます。優しくてまっすぐなその思いが星に届き、願い星スターを地上に呼び寄せます。

《デビュー年月日》
2021年11月24日
《デビュー作》
『ミラベルと魔法だらけの家』

エルサ
Elsa

北欧の国アレンデール王家の長女。父母亡き後は女王になります。生まれつき、雪と氷を自由に操る魔法の力を持ち、その力によって幼い妹を傷つけてしまったことから、人前に出ることを恐れています。慎重で真面目な性格。

アナ
Anna

アレンデール王家の次女。魔法の力はありません。姉のエルサの魔法で傷つけられたことは記憶にないので、姉に避けられる理由がわからずに悩みます。ひとりぼっちで育ったため、寂しがり屋。人なつっこくて明るい性格。

《デビュー年月日》
2013年11月27日
《デビュー作》
『アナと雪の女王』

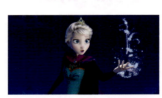

↑姉を探しに行ったアナは、おしゃべりする雪だるまに出会います。陽気で子どものようにピュアな彼の名前はオラフ。エルサが魔法で作った雪だるまでした。

←↓女王こなるための戴冠式後、人々に秘密がバレてしまったエルサ。その場から逃げ出し、抑えてきた魔法の力を解放します。上げた髪を解き、開放的なドレス姿の雪の女王となります。

※各データは編集部調べです。映画の公開年は、アメリカで公開された年です。

17

Characters

ディズニーヴィランズ

ヴィラン(villain)とは、悪役のこと。ディズニー作品における悪役たちのことを、ディズニーヴィランズと呼びます。思うがままに生きる彼らは、悪の魅力がたっぷり。

女王／魔女
Queen／Witch

《デビュー年月日》
1937年12月21日
《デビュー作》
『白雪姫』

白雪姫の継母。世界一の美貌を誇り、姫の美しさを妬んで殺そうとします。魔法の薬で魔女に変身し、毒リンゴを作って姫に食べさせます。

ガストン
Gaston

《デビュー年月日》
1991年11月22日
《デビュー作》
『美女と野獣』

町一番の美女ベルを妻にするため、強引に迫ったり画策したりする狩人。力自慢でハンサムなので町では人気者ですが、ベルいわく「頭が空っぽ」。常にガストンを褒めたたえている腰巾着はル・フウ(右)。

アースラ
Ursula

タコのような姿の海の魔女。言葉巧みにアリエルを誘導して、声を対価に人間の足を与える契約をしますが、トリトン王に代わって海の支配者になるのが目的。王子をだますために、人間の美女バネッサに変身もします。

正直ジョン／
J.ワシントン・ファウルフェロー
Honest John／J. Worthington Foulfellow
ギデオン
Gideon

《デビュー年月日》
1940年2月7日
《デビュー作》
『ピノキオ』

ピノキオをだまして売り飛ばす詐欺師。子分の猫、ギデオン(左)と、親分のキツネ、ファウルフェロー(右)のコンビです。

ジャファー
Jafar

催眠術が得意なアグラバーの大臣。王国支配を企み、魔法のランプを手に入れるために暗躍します。手下のオウムはイアーゴ。

《デビュー年月日》
1992年11月25日
《デビュー作》
『アラジン』

トレメイン夫人
Lady Tremaine

《デビュー年月日》
1950年2月15日
《デビュー作》
『シンデレラ』

シンデレラの父の後妻で継母。洗練された女性ですがいじわるく冷酷。父が亡くなってからは、2人の連れ子、ドリゼラ(中央)とアナスタシア(左)とともに、シンデレラをメイドがわりにこき使います。

フック船長
Captain Hook

《デビュー年月日》
1989年11月17日
《デビュー作》
『リトル・マーメイド』

《デビュー年月日》
1953年2月5日
《デビュー作》
『ピーター・パン』

ネバーランドに停泊する海賊船の船長。ピーター・パンと戦って左手をなくし、鉤爪をつけています。手下は、気のいいスミー(右)。

Chapter 1

🍎 ハートの女王
Queen of Hearts

《デビュー年月日》
1951年7月28日
《デビュー作》
『ふしぎの国のアリス』

アリスが迷い込んだふしぎの国のトランプの女王。いじわるで尊大な支配者です。癇癪を起こして「首をおはね！」と叫ぶのが常。

🍎 マレフィセント
Maleficent

《デビュー年月日》
1959年1月29日
《デビュー作》
『眠れる森の美女』

宴に招かれなかったことを恨み、オーロラ姫に死の呪いをかけた魔女。紫と黒の長いマントに身を包み、緑色の炎をまとわせたその姿は美しくスタイリッシュ。強大な魔力を持ち、巨大なドラゴンに変身してフィリップ王子と戦います。

《デビュー年月日》
1961年1月25日
《デビュー作》
『101匹わんちゃん』

🍎 クルエラ・ド・ビル
Cruella De Vil

ダルメシアンの飼い主アニータの友人で、毛皮マニアの女。ダルメシアンの子犬で毛皮のコートを作ろうと企み、99匹の子犬を集めます。

🍎 スカー
Scar

🍎 ハデス
Hades

オリンポスの最高神ゼウスの弟で死を司る冥界の王。神々の国オリンポス乗っ取りを企て、ゼウスの息子ヘラクレスを亡き者にしようと、次々に怪物を差し向けて陰謀を巡らせます。髪は青い炎で、怒ると赤い炎が燃えさかります。

🍎 クロード・フロロー判事
Judge Claude Frollo

醜いカジモドをノートルダム大聖堂に閉じ込めて育てた、邪悪な最高裁判事。美しい踊り子エスメラルダに執着し、暗躍します。

《デビュー年月日》
1997年6月27日
《デビュー作》
『ヘラクレス』

《デビュー年月日》
1996年6月21日
《デビュー作》
『ノートルダムの鐘』

《デビュー年月日》
1994年6月24日
《デビュー作》
『ライオン・キング』

プライドランドの王ムファサの弟で、シンバの叔父。王位を狙って密かにハイエナと手を組み、ムファサを亡き者としてシンバを追放します。

《デビュー年月日》
2023年11月22日
《デビュー作》
『ウィッシュ』

🍎 ゴーテル
Mother Gothel

🍎 ファシリエ
Dr. Facilier

"別世界の友"の力を借りて悪事を行う、ブードゥー教の邪悪な魔術師。ナヴィーン王子をだましてカエルに変え、金儲けを企てます。

《デビュー年月日》
2009年12月11日
《デビュー作》
『プリンセスと魔法のキス』

《デビュー年月日》
2010年11月24日
《デビュー作》
『塔の上のラプンツェル』

幼いラプンツェルを誘拐し、自分の娘として塔に閉じ込めて育てた悪女。ラプンツェルの髪の力で若返っていますが、本当は400歳。

🍎 マグニフィコ王
King Magnifico

"願いが叶う国"ロサスの創始者で、国民の"願い"を預かる偉大な王。でも実は、叶える願いは自分が良かれと思う願いだけという自己チュウぶり！ 国民の願いの力を利用して、魔力を増していきます。

※各データは編集部調べです。映画の公開年は、アメリカで公開された年です。

Characters

PIXAR ピクサー・アニメーション・スタジオ

オモチャから始まり、モンスターや魚の世界……果ては死者の世界や人間の感情たちの世界まで、独自の世界観を追求するピクサー。代表的なキャラクターをご紹介します。

- ウッディ Woody
- バズ・ライトイヤー Buzz Lightyear

《デビュー年月日》
1995年11月22日
《デビュー作》
『トイ・ストーリー』

ウッディは保安官の人形です。正義感が強くて仲間思いですがちょっぴり焼きもち焼き。バズはスペース・レンジャーのアクションフィギュアで、ちょっぴり天然キャラ。2人は『トイ・ストーリー』で出会って親友になりました。

←『トイ・ストーリー』。ウッディたちのご主人様アンディへのプレゼントとしてやってきたバズ。自分を本物のスペース・レンジャーだと思い込んでいる彼に、ウッディはイライラ。

→『トイ・ストーリー2』。ウッディは昔のテレビ番組「ウッディのラウンドアップ」のヒーローだったことが判明。しかも、マニアが欲しがるプレミア人形だったのです。

←『トイ・ストーリー3』。アンディ少年は、まもなく大学生。オモチャたちはサニーサイド保育園へ寄付されて大冒険を繰り広げたのち、ボニーという少女に譲られます。

↑『トイ・ストーリー4』。2作目で姿を消したボー・ピープと運命の再会を果たしたウッディは、仲間たちとの別れを決意します。

- サリー／ジェームズ・P・サリバン Sulley／James P. Sullivan
- マイク・ワゾウスキ Mike Wazowski

《デビュー年月日》
2001年11月2日
《デビュー作》
『モンスターズ・インク』

サリー（左）とマイク（右）は、モンスターズ社の社員。人間界へ侵入し、子どもたちを脅かして、エネルギー源となる悲鳴を集めるのが仕事です。真面目なサリーは実力No.1の怖がらせ屋で、お調子者のマイクはその相棒。

ドリー Dory　ニモ Nemo　マーリン Marlin

オーストラリアの珊瑚礁グレート・バリアリーフに住む魚たちの物語。ドリーは忘れん坊のナンヨウハギ、ニモ（息子）とマーリン（父）は親子のカクレクマノミ。臆病なマーリンは、さらわれたニモを捜す旅を通して成長していきます。

《デビュー年月日》2003年5月30日
《デビュー作》『ファインディング・ニモ』

 ライトニング・マックィーン Lightning McQueen　 メーター Mater

車たちが人間のように暮らす世界。ライトニング・マックィーンは天才レーサー。人気を鼻にかけて傲慢になっています。純朴なおんぼろレッカー車、メーターたちの住む町に迷い込んだマックィーンは、スピードよりも大切なことを学びます。

《デビュー年月日》2006年6月9日
《デビュー作》『カーズ』

 ラッセル Russell　 カール・フレドリクセン Carl Fredricksen

カール・フレドリクセンは妻に先立たれた78歳の老人です。無数の風船で家を飛ばし、妻と約束した南米へ！近所に住む8歳の少年ラッセルは自然探険隊の隊員。巻き込まれて、いっしょに旅することになります。

《デビュー年月日》2009年5月29日
《デビュー作》『カールじいさんの空飛ぶ家』

 ヨロコビ Joy　カナシミ Sadness

11歳の少女ライリーの頭の中の感情たちの物語。彼らは、ライリーを幸せにするために働いています。ヨロコビとカナシミの他、ムカムカ、ビビリ、イカリの5つの感情がいます。続編『インサイド・ヘッド2』（2024）では、思春期になったライリーの感情としてシンパイ、ハズカシ、イイナー、ダリィが登場。

《デビュー年月日》2015年6月19日
《デビュー作》『インサイド・ヘッド』

Mr.インクレディブル／ボブ・パー Mr. Incredible／Bob Parr
イラスティガール／ヘレン・パー Elastigirl／Helen Parr

ボブとヘレンが結婚して、スーパーヒーロー一家が誕生しました。左から、ママのヘレンは体がゴムのように伸びる。パパのボブは怪力。末っ子のジャック・ジャックは未知数。長女のヴァイオレットは姿を消してバリアをはれる。長男のダッシュは高速走行の力があります。

《デビュー年月日》2004年11月5日
《デビュー作》『Mr.インクレディブル』

レミー Remy
アルフレッド・リングイニ Alfred Linguini

レミーは、シェフになることを夢見る、料理の天才ネズミ。リングイニは、レストランで働く見習いの青年。レミーは彼の帽子の中に入って、影武者として腕を振るいます。

《デビュー年月日》2007年6月29日
《デビュー作》『レミーのおいしいレストラン』

 ヘクター Héctor　ミゲル Miguel

メキシコの"お盆"、死者の日の物語。ミゲルは音楽を愛する12歳の少年です。死者の国に迷い込み、出会ったのは陽気なガイコツ、ヘクター。実は、彼はミゲルのご先祖様でした。

《デビュー年月日》2017年11月22日
《デビュー作》『リメンバー・ミー』

※各データは編集部調べです。映画の公開年は、アメリカで公開された年です。

Characters

動物たち

ディズニー作品といえば、
かわいい動物キャラクターのイメージ!?
でも、かわいいだけじゃないから人気があるんですよ。
研究し尽くされたリアルな動きや、
人間顔負けの表情が魅力的なのです。

ダンボ
Dumbo

《デビュー年月日》
1941年10月23日
《デビュー作》
『ダンボ』

サーカスのゾウ、ジャンボの息子で、耳がとても大きい赤ちゃんゾウです。耳の大きさをからかわれて仲間外れにされましたが、ネズミのティモシーやカラスたちの励ましで、耳を羽のように動かして飛び、サーカスのスターになりました。

バンビ
Bambi

《デビュー年月日》
1942年8月13日
《デビュー作》
『バンビ』

森のプリンスとして生まれた子ジカ。ウサギのとんすけやスカンクのフラワーたちといっしょに育っていきます。過酷な冬を乗り越え、母の死を経験したバンビは、角が生えて大人の雄ジカに成長。幼なじみの雌ジカ、ファリーンを伴侶とし、森の王様となります。

くまのプーさん
Winnie the Pooh

くまのプーさんたちが住む100エーカーの森は、クリストファー・ロビンという男の子の想像の世界です。プーさんはぬいぐるみで、ピグレット、ティガー、イーヨー、カンガとルーも同じ。仲間たちのうち、ラビットとオウルは森に住む動物です。

プーとイーヨー
《デビュー年月日》
1966年2月4日
《デビュー作》
『プーさんとはちみつ』

ピグレットとティガー
《デビュー年月日》
1968年12月20日
《デビュー作》
『プーさんと大あらし』

ティガー
Tigger

元気で陽気なトラのぬいぐるみ。バネが入っているしっぽを使って、いつも飛び跳ねています。飛び跳ねすぎて、仲間たちを突き倒したり上に乗ったりするのが彼の日常です。「フフフフゥー」というのが口癖。

トランプ
Tramp

レディ
Lady

《デビュー年月日》
1955年6月16日
《デビュー作》
『わんわん物語』

トランプ(左)は、タフに生きる野良犬。レディ(右)は、お屋敷に住むお嬢様犬で血統書つきのコッカースパニエル。2匹は、互いに惹かれあって恋に落ちます。トランプはレディの伴侶となり、お屋敷の飼い犬となります。

イーヨー
Eeyore

いつも悲観的な物言いをする、年取ったロバのぬいぐるみです。木の枝を組んだだけの家が気に入っています。リボンのついたしっぽが根本から取れてしまいがちで、いつもクリストファー・ロビンにつけてもらっています。

ピグレット
Piglet

気が小さくて怖がりで、優しい小ブタのぬいぐるみ。プーさんの大親友です。みんなに比べて体が小さいことを気にしていて、「小さい生き物は勇気が出ない」ことを持論にしています。ドングリが好物。

くまのプーさん
Winnie the Pooh

食いしん坊でのんびり屋で、まるまるムクムクとしたくまのぬいぐるみ。クリストファー・ロビンのいちばんのお気に入りです。難しい言葉が苦手ではちみつが大好き。朝の体操と、詩や歌を作ることが日課です。

Chapter 1

🐾 パディータ Perdita　🐾 ポンゴ Pongo

《デビュー年月日》1961年1月25日
《デビュー作》『101匹わんちゃん』

ポンゴ(右)は人間の作曲家ロジャーの、パディータ(左)は人間の女性アニータの、飼い犬のダルメシアンです。ロジャーとアニータ、2頭の犬たちは同時に夫婦になりました。やがて15匹の子犬が生まれます。

🐾 ビアンカ Bianca　🐾 バーナード Bernard

《デビュー年月日》1977年6月22日
《デビュー作》『ビアンカの大冒険』

美しいビアンカ(右)と誠実なバーナード(左)は、ネズミたちの国連、国際救助救援協会(通称RAS)に属するネズミです。RASは、それが誰であっても、助けを求める声には必ず応じる国際的な組織。2人はコンビを組んで事件を解決します。

🐾 シンバ Simba　🐾 ティモン Timon　🐾 プンバァ Pumbaa

《デビュー年月日》1994年6月24日
《デビュー作》『ライオン・キング』

シンバは、ライオンの王子。叔父スカーの策略で父殺しの罪を負わされ、王国を追い出されてしまいます。シンバを助けたのは、ミーアキャットのティモンとイボイノシシのプンバァ。3匹でいっしょに暮らします。

🐾 バルー Baloo

《デビュー年月日》1967年10月18日
《デビュー作》『ジャングル・ブック』

インドのジャングルに住むクマ。置き去りにされてオオカミに育てられた人間の少年モーグリと仲良くなり、いろいろなことを教えてかわいがります。陽気で楽天家。慎重な黒ヒョウのバギーラ(右)といいコンビです。

🐾 マリー Marie　🐾 ベルリオーズ Berlioz　🐾 トゥルーズ Toulouse

《デビュー年月日》1970年12月24日
《デビュー作》『おしゃれキャット』

パリのお屋敷に住む3匹の子猫たち。母猫のダッチェスは作法と芸術を指導しています。左から、歌が得意なマリー、ピアノが得意なベルリオーズ、絵を描くのが得意なトゥルーズ。

🐾 オリバー Oliver　🐾 ドジャー Dodger

《デビュー年月日》1988年11月18日
《デビュー作》『オリバー／ニューヨーク子猫ものがたり』

オリバー(左)は、ニューヨークの街に捨てられた子猫。ドジャー(右)たちの仲間になりますが、お屋敷の少女ジェニーに拾われて可愛がられます。ドジャーは、ニューヨークでたくましく生きる野良犬。アインシュタイン、テイト、フランシス、リタという犬の仲間がいます。

🐾 ジュディ・ホップス Judy Hopps　🐾 ニック・ワイルド Nick Wilde

《デビュー年月日》2016年3月4日
《デビュー作》『ズートピア』

ジュディは、ズートピア警察初のウサギの警官。幼い頃からの夢を、がんばって実現させました。ニックは、幼い頃のトラウマを抱えるキツネの詐欺師。敵対する2人ですが、コンビを組んでズートピアの難事件を解決します。

※各データは編集部調べです。映画の公開年は、アメリカで公開された年です。　23

Characters

主人公を助ける友だち

ディズニー作品につきものなのが、常に主人公のそばにいて、物言わずとも助けてくれる"小さき者"（大きな者もいますが）の存在です。数え切れないほどいるので、ほんの一部をご紹介します。

ジミニー・クリケット / Jiminy Cricket

《デビュー年月日》1940年2月7日
《デビュー作》『ピノキオ』

生まれたばかりのピノキオの"良心"として、星の女神に役目を与えられた旅のコオロギ。

7人のこびと / Seven Dwarfs

おとぼけ Dopey / てれすけ Bashful / ねぼすけ Sleepy / くしゃみ Sneezy / ごきげん Happy / おこりんぼ Grumpy / 先生 Doc

《デビュー年月日》1937年12月21日
《デビュー作》『白雪姫』

森の奥の家で暮らす7人のこびと。鉱山で宝石を採掘し、夕方5時になると仕事をやめて帰宅するのが日課です。継母に殺されそうになって逃げてきた白雪姫をかくまいます。

ジャック Jaq / ガス Gus

《デビュー年月日》1950年2月15日
《デビュー作》『シンデレラ』

シンデレラを助ける小鳥や動物たちのうちの2匹のネズミ。ジャク（左）はしっかり者、ガス（右）は食いしん坊。

ティモシー / Timothy Mouse

《デビュー年月日》1941年10月23日
《デビュー作》『ダンボ』

サーカスに住むネズミ。いじめられているダンボのたった1匹の味方です。

チェシャ猫 / Cheshire Cat

《デビュー年月日》1951年7月28日
《デビュー作》『ふしぎの国のアリス』

アリスがふしぎの国で出会った神出鬼没のネコ。ニヤニヤ笑いだけを残して消えることもできます。

セバスチャン Sebastian / フランダー Flounder

《デビュー年月日》1989年11月17日
《デビュー作》『リトル・マーメイド』

セバスチャンは宮廷音楽家のカニ、フランダーはアリエルといつも一緒の魚。陸に上がったアリエルを補佐します。

Chapter 1

野獣の従者たち
Servants of the Beast

野獣とともに呪いを受けて、お城の家具や道具に変えられてしまった従者たち。

《デビュー年月日》
1991年11月22日
《デビュー作》
『美女と野獣』

- ポット夫人 Mrs.Potts
- コグスワース Cogsworth
- フェザーダスター Featherduster
- チップ Chip
- ルミエール Lumiere

アブー Abu

《デビュー年月日》
1992年11月25日
《デビュー作》
『アラジン』

アラジンの相棒の器用なサル。盗みの達人。

フリット Flit　ミーコ Meeko

フリットは小さくても勇敢なハチドリ、ミーコはイタズラ好きのアライグマ。

《デビュー年月日》
1995年6月23日
《デビュー作》
『ポカホンタス』

ムーシュー Mushu
クリキー Crikee

《デビュー年月日》
1998年6月19日
《デビュー作》
『ムーラン』

ムーシューはファ家の守護竜、クリキーは幸運のコオロギ。男装して戦場に行くムーランを守ります。

《デビュー年月日》
2009年12月11日
《デビュー作》
『プリンセスと魔法のキス』

ルイス Louis
レイ／レイモンド Ray/Raymond

ルイスはジャズトランペッター志望のワニ、レイは南部訛りのホタル。カエルになったティアナとナヴィーンを助けます。

パスカル Pascal　マキシマス Maximus

パスカルはラプンツェルの親友のカメレオン、マキシマスはコロナ王国の警護隊長の馬。

《デビュー年月日》
2010年11月24日
《デビュー作》
『塔の上のラプンツェル』

※各データは編集部調べです。映画の公開年は、アメリカで公開された年です。

Characters

魔法使いや妖精

手を替え品を替え、主人公を助ける魔法の存在。ディズニー作品の真髄といえるかもしれません。平成以降の代表格は魔神ジーニー。

妖精（ブルー・フェアリー） Blue Fairy

《デビュー年月日》1940年2月7日
《デビュー作》『ピノキオ』

星の女神。ゼペットさんが星に願いをかけたとき、空から降りてきてピノキオに命を与えました。背に半透明の羽があり、ブルーの衣をまとった美しい姿です。

フェアリー・ゴッドマザー Fairy Godmother

《デビュー年月日》1950年2月15日
《デビュー作》『シンデレラ』

継母と義姉たちにいじめられたシンデレラを助ける、魔法使いのおばあさん。「ビビディ・バビディ・ブー」の呪文で、カボチャの馬車を作り、シンデレラのドレス姿をととのえます。

ティンカー・ベル Tinker Bell

《デビュー年月日》1953年2月5日
《デビュー作》『ピーター・パン』

ピーター・パンのそばを離れずに飛ぶ、小さな妖精。リンリン！ と、鈴を振るような音で話します。ピーターのことが大好きなので、嫉妬してウェンディにいじわるをします。

3人の良き妖精 Three Good Fairies

フローラ Flora
メリーウェザー Merryweather
フォーナ Fauna

《デビュー年月日》1959年1月29日
《デビュー作》『眠れる森の美女』

オーロラ姫が誕生したとき、祝福のプレゼントをした妖精たち。3人のおばちゃんといった風情で、お茶を飲むのが大好きです。魔女マレフィセントとは違い、彼女たちの魔法は良いことにしか使えません。

マーリン Merlin

《デビュー年月日》1963年12月25日
《デビュー作》『王様の剣』

一見ひょうきんな爺さまですが、未来を見通す大きな力を持つ魔法使い。少年ワートがアーサー王だと見抜きます。

メリー・ポピンズ Mary Poppins

《デビュー年月日》1964年8月29日
《デビュー作》『メリー・ポピンズ』

ロンドンのバンクス一家のもとにやってきた乳母。実は魔法使いです。きちんとした身なりで、手にはオウムの柄の傘(え)を持っています。やんちゃな姉弟ジェーンとマイケルは、メリー・ポピンズの魔法に夢中に！ ときには厳しく、ときには優しく子どもたちをしつけます。

ジーニー Genie

《デビュー年月日》1992年11月25日
《デビュー作》『アラジン』

持ち主の3つの願いを叶えるランプの魔神。歌って踊れる陽気なエンターテイナーです。アラジンが持ち主になる前は、1万年ものあいだ、眠っていました。ランプの持ち主には逆らえないのが決まりですが、アラジンとは主従の関係なしに友だちになります。彼の夢は、ランプから自由の身になること。

ママ・オーディ Mama Odie

《デビュー年月日》2009年12月11日
《デビュー作》『プリンセスと魔法のキス』

197歳になるブードゥーの魔女。相棒の大蛇ジュジュと一緒に沼地の奥に住んでいます。

スター Star

《デビュー年月日》2023年11月22日
《デビュー作》『ウィッシュ』

アーシャの願いに応えて地上に舞い降りた、いたずら好きな願い星。魔法の力をもち、願いを叶えるのを助けてくれます。スターの光を浴びた生き物たちは皆、人間の言葉を喋れるように。

DISNEY FAN CHALLENGE

※各データは編集部調べです。映画の公開年は、アメリカで公開された年です。

Chapter 2

ディズニーファン・チャレンジ
～東京ディズニーリゾート編～

Quiz & Answer

あなたはチャレンジしてみた？
ディズニーのさまざまなジャンルから出題された
「ディズニーファン・チャレンジ」の問題を全掲載。
チェックボックス（☐）を活用してトライしてね！
答えと解説は36ページから。

東京ディズニーリゾート

東京ディズニーリゾートのアトラクションや
レストラン、ショップやモニュメントまで、
様々な角度から出題しています。
パーク通を自負するあなた、何問正解できる!?

東京ディズニーリゾートマーク凡例
- アトラクションやエンターテイメント
- レストラン
- ショップ
- 施設
- ライトコース
- プリンセスコース
- チャレンジコース

東京ディズニーランド編
Tokyo Disneyland

第1問
「カントリーベア・シアター」より
ショーの進行役の名前は？

- □ メルビン
- □ ゴーマー
- □ ヘンリー
- □ マックス

第2問
「トムソーヤ島いかだ」より
冒険の島、トムソーヤ島にないものは？

- □ ベッキーの家
- □ 大きなツリーハウス
- □ 水が噴き出すドクロ岩
- □ 揺れるつり橋

第3問
カウンターの壁に、このエプロンとスカーフが掛けられている店はどこ？

- □ プラザパビリオン・レストラン
- □ アイスクリームコーン
- □ カフェ・オーリンズ
- □ グランマ・サラのキッチン

第4問
「ホーンテッドマンション」より
ヒッチハイクをしているゴーストは何人？

- □ 4人
- □ 3人
- □ 1人
- □ 2人

第5問 「白雪姫と七人のこびと」より

魔女が毒リンゴを作っている大釜からは何色の液がしたたり落ちているでしょう？

- ☐ 青
- ☐ 黒
- ☐ 赤
- ☐ 緑

第6問

東京ディズニーランドのシンデレラ城のいちばん高い塔の部分は何色になっているかご存知？

- ☐ ゴールド
- ☐ ブルー
- ☐ ホワイト
- ☐ シルバー

第7問 「シンデレラのフェアリーテイル・ホール」より

控えの間に、ときどき顔を見せるのはだれでしょう？

- ☐ スージーとパーラ
- ☐ トレメイン夫人とルシファー
- ☐ ガスとジャック
- ☐ ドリゼラとアナスタシア

第8問 「キャッスルカルーセル」より

天蓋の下に飾られている、18枚の絵の物語のプリンセスはどなたかご存知？

- ☐ 白雪姫
- ☐ シンデレラ
- ☐ オーロラ姫
- ☐ ベル

第9問 「イッツ・ア・スモールワールド」より

リロとスティッチはなにをしている？

- ☐ ステージでダンス
- ☐ 部屋で昼寝
- ☐ 波の上でサーフィン
- ☐ 砂浜で天体観測

第10問 「美女と野獣"魔法のものがたり"」より

城内でイビキをかいているのは？

- ☐ ガーゴイル
- ☐ 甲冑（かっちゅう）
- ☐ コンロのシェフ
- ☐ シャンデリア

答えと解説はP.36〜

Quiz

第11問 「美女と野獣"魔法のものがたり"」より
洗濯場で、ポット夫人とチップが話している内容はどんなことでしょう？

- ☐ ルミエールのこと
- ☐ 夕飯のこと
- ☐ ベルのこと
- ☐ 天気のこと

第12問 「美女と野獣"魔法のものがたり"」より
ゲストが乗るものは"魔法の"なに？

- ☐ ポット
- ☐ ボウル
- ☐ フライパン
- ☐ カップ

第13問 「ミッキーのマジカルミュージックワールド」より
ミッキーたちが音楽を探す旅に出たとき、最初に出会ったディズニーキャラクターはだれ？

- ☐ ピノキオ
- ☐ エルサ
- ☐ ルミエール
- ☐ アリス

第14問 「プーさんのハニーハント」より
いきおいよくジャンプしたティガーが、頭を突っ込んでしまったものは？

- ☐ 池
- ☐ 風船
- ☐ ケーキ
- ☐ ミツバチの巣

第15問 この壁があるレストランは？

- ☐ ヒューイ・デューイ・ルーイのグッドタイム・カフェ
- ☐ グレートアメリカン・ワッフルカンパニー
- ☐ センターストリート・コーヒーハウス
- ☐ クイーン・オブ・ハートのバンケットホール

第16問 「ガジェットのゴーコースター」より
ミニコースターの乗り物は、なにで作られている？

- ☐ キノコ
- ☐ ドングリ
- ☐ マツボックリ
- ☐ イチョウ

第17問 「ミニーのスタイルスタジオ」より
かわいいベッドは、だれのためのもの？

- □ ルシファー
- □ マリー
- □ フィガロ
- □ ダイナ

第18問 「ビッグポップ」より
店内のシャンデリアは、なにをイメージしたもの？

- □ 宇宙船
- □ スティッチ
- □ ベイマックス
- □ ポップコーン

第19問 「クラブマウスビート」より
チップとデールが使う楽器は？

- □ タンバリン　□ マラカス
- □ シンバル　　□ ドラム

第20問 「モンスターズ・インク"ライド&ゴーシーク！"」より
小さくてかわいいモンスター、ロッキーの体の色は？

- □ オレンジ
- □ パープル
- □ グリーン
- □ ピンク

第21問 「ディズニー・ハーモニー・イン・カラー」より
最初に登場するディズニーキャラクターは？

- □ ピーターパン
- □ ミニーマウス
- □ ティンカーベル
- □ ドナルドダック

第22問 「東京ディズニーランド・エレクトリカルパレード・ドリームライツ」より
シンデレラが乗った馬車をひく馬は何頭？

- □ 2頭
- □ 6頭
- □ 4頭
- □ 5頭

答えと解説はP.36〜

Quiz 東京ディズニーシー編

Tokyo DisneySea

第23問 「ソアリン:ファンタスティック・フライト」より
ゲストが乗る、空飛ぶ乗り物の名前は？

- ☐ はばたき飛行機
- ☐ フライングマシーン
- ☐ ドリームフライヤー
- ☐ フライングカーペット

第24問 「タワー・オブ・テラー」より
ハリソン・ハイタワー三世が失踪した場所は？

- ☐ プール
- ☐ 庭園
- ☐ 書斎
- ☐ エレベーター

第25問 「S.S.コロンビア・ダイニングルーム」より
ダイニングにあるものは？

- ☐ バイオリン
- ☐ ピアノ
- ☐ アコーディオン
- ☐ コントラバス

第26問 「ダッフィー&フレンズのワンダフル・フレンドシップ」より
ダッフィーたちが作ったケーキはなんの形？

- ☐ 船
- ☐ 人形
- ☐ 家
- ☐ 本

DISNEY FAN CHALLENGE

第27問

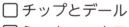「シーサイドスナック」より

うきわまん（エビ）のパッケージに
デザインされている
ディズニーキャラクターは？

- ☐ チップとデール
- ☐ ミッキーマウス
- ☐ ダッフィー
- ☐ ドナルドダック

第28問

 このスケッチを見ることが
できるのはどこ？

- ☐ フォートレス・エクスプロレーション
- ☐ ディズニーシー・トランジットスチーマーライン
- ☐ ミッキー＆フレンズ・グリーティングトレイル
- ☐ レイジングスピリッツ

第29問

「インディ・ジョーンズ®・アドベンチャー：
クリスタルスカルの魔宮」より

インディ・ジョーンズの助手で、神殿を
巡るツアーを企画した人物の名前は？

- ☐ ピスコ
- ☐ パコ
- ☐ クスコ
- ☐ ペコ

第30問

「フェアリー・ティンカーベルの
ビジーバギー」より

「チーズ」という名前の生き物とは？

- ☐ ネズミ
- ☐ ウサギ
- ☐ 小鳥
- ☐ てんとう虫

第31問

「アナとエルサの
フローズンジャーニー」より

待機列の途中のプレイルームにある
大きなオルゴールは、
なんの形をイメージしたもの？

- ☐ ノースマウンテン　☐ トロール
- ☐ アレンデール城　☐ トナカイ

第32問

「ラプンツェルの
ランタンフェスティバル」より

ボートハウスの作業場で、
カメレオンのパスカルが口に
くわえているものはなにかしら？

- ☐ 絵筆
- ☐ フォーク
- ☐ 花
- ☐ くし

答えと解説はP.36〜

Quiz

第33問 「ラプンツェルのランタンフェスティバル」より
フリン・ライダーの手配書で、正しく描かれず、貼ってある場所によって異なってしまっているのはフリン・ライダーの顔のどの部分？

- ☐ 髭
- ☐ 鼻
- ☐ 耳
- ☐ 口

第34問
ファンタジースプリングスにある"魔法の泉"の岩に刻まれたシンデレラ。そばにあるものはなんでしょう？

- ☐ 馬車
- ☐ ガラスの靴
- ☐ 時計台
- ☐ 玉座

第35問 「ジャスミンのフライングカーペット」より
中央の噴水にデザインされている鳥は、なんの鳥かしら？

- ☐ クジャク
- ☐ ハト
- ☐ タカ
- ☐ ツバメ

第36問 「ジャスミンのフライングカーペット」より
入り口にある2体の像。金色のトラと、もうひとつはだれの像？

- ☐ サルタン
- ☐ ジャスミン
- ☐ ラジャー
- ☐ アブー

第37問 「シンドバッド・ストーリーブック・ヴォヤッジ」より
シンドバッドが故郷に帰るとき、乗ったものは？

- ☐ ゾウ
- ☐ イカダ
- ☐ 気球
- ☐ クジラ

 第38問 「マジックランプシアター」より
魔法のランプから飛び出したジーニーは、なにをしている最中だった？

- ☐ ランチ
- ☐ シャワー
- ☐ ショッピング
- ☐ スポーツ

 第39問 「アリエルのプレイグラウンド」より
アースラのダンジョンの出口へ続く岩の回廊にいる生き物はなんでしょう？

- ☐ クラゲ
- ☐ ウミガメ
- ☐ シャチ
- ☐ タコ

 第40問 「スカットルのスクーター」より
カモメのスカットルが持っているものは？

- ☐ 瓶
- ☐ 楽譜
- ☐ 望遠鏡
- ☐ 万年筆

 第41問 謎の天才科学者ネモ船長の肖像画がある場所はどこ？

- ☐ ノーチラスギフト
- ☐ センター・オブ・ジ・アース
- ☐ 海底2万マイル
- ☐ ヴォルケイニア・レストラン

東京ディズニーリゾート編
Tokyo Disney Resort

第42問 東京ディズニーシー・ファンタジースプリングスホテルを建てた、旅と冒険を愛する女性はなんと呼ばれている？

- ☐ カメリア
- ☐ ダッチェス
- ☐ ジェシカ
- ☐ サラ

答えと解説はP.36〜　35

東京ディズニーリゾート

『 』はディズニー映画またはディズニー&ピクサー映画のタイトルです。

東京ディズニーランド編

Tokyo Disneyland

第1問 「カントリーベア・シアター」より
答え ヘンリー

18頭のクマたちが、歌や演奏を披露してくれるアトラクション。ショーの進行役はヘンリーです。頭の上には、仲良しのアライグマ、サミーの姿が！ 夏にはサミーの代わりに、サニー・ザ・スカンク（写真①）が登場します。ヘンリーの祖父は、この劇場の創設者。ロビーには彼の肖像画やフィドル（ヴァイオリン）、彼が作曲した「カム・アゲイン」の楽譜（写真②）が飾られています。この劇場には、ほかにも個性豊かな仲間が！ 気取り屋のクマ、アーネストや、壁に飾られたおしゃべり好きな剥製、ヘラジカのメルビンと雄ジカのマックスなど、楽しい仲間たちがいっぱいです。

第2問 「トムソーヤ島いかだ」より
答え ベッキーの家

作家マーク・トウェインの小説『トム・ソーヤの冒険』でトムが目指した架空の島、ジャクソン島をもとに作られた島がトムソーヤ島です。島に渡る唯一の手段、いかだには、"トムソーヤ"など、4人の登場人物の名前（写真①）がついています。島の中には、トムソーヤの秘密の隠れ家がある大きなツリーハウスや、水が噴き出すドクロ岩、揺れるつり橋などが。また、「サムクレメンズ砦」の中にある宿舎の奥からは、連隊長のいびきが聞こえてきます（写真②）。ここでは、物語の登場人物の気分になって冒険を！

第3問
答え グランマ・サラのキッチン

ジャコウネズミのサラおばあちゃんが開いた、クリッターカントリーの仲間たちが集まるレストラン。壁に掛かったエプロンとスカーフは、もしかしたらサラおばあちゃんのものかもしれません。穴蔵風のお店の中には、小動物たちの気配があちこちに。ドアや階段がついた小さな家や、灯りのついている家も。また、だれかが今までゲームを楽しんでいたのか、カップが置かれたチェッカー盤（写真①）のようなものもあります。リビングルームのイスに座ってくつろいでいるのは、サラおばあちゃんの夫、ザカライア（写真②）。ゆったり時間が流れるクリッターたちのレストランは、きっとのんびりとした平和な場所に違いありません。

第4問 「ホーンテッドマンション」より
答え 3人

999人の亡霊たちが住む、ホーンテッドマンション。彼らはゲストを1000人目の仲間に迎えようと待っています。さまざまな亡霊たちの中で、ゲストが乗ったドゥームバギーにサインを送る、ヒッチハイカーの3人組（写真①）がいます。アトラクションの最後に鏡を見ると、彼ら3人の中のだれかが、ゲストと並んでドゥームバギーの中に乗り込んでいるではありませんか（写真②）！ もしかして人間の世界に戻ろうとしているのかもしれません。亡霊でありながら親しみやすい雰囲気をもった陽気な3人組です。

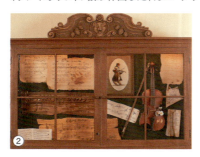

第5問 「白雪姫と七人のこびと」より
答え 緑

ディズニー映画『白雪姫』の世界をトロッコに乗って体験することができます。魔法の鏡の前に立つ女王は魔女となって「世界で私が一番美しい」と叫び、白雪姫に食べさせるため地下牢で毒リンゴを作ります。大釜からは、緑色の妖しげな液体（写真①）が！ ちなみにこのアトラクションの中で、魔女は何回登場すると思いますか（女王の姿はのぞく）？　答えは6回。毒リンゴを作ったり、毒リンゴを差し出したり、どのシーンも恐ろしいものばかり。また、ゲストが乗るトロッコは、七人のこびとたちの鉱山用のトロッコをモチーフにしたもの。それぞれにこびとたちの名前（写真②）が描かれています。

第6問
答え ゴールド

夢と魔法の王国のシンボル、シンデレラ城。その高さは約51m！ シンデレラ城には約29の塔（写真①）があり、中世ヨーロッパ風の華やかな雰囲気を漂わせています。ディズニーのイマジニアたちは、フランスのロワール河沿岸にある、いくつもの城を調査し、世界中のどこにもないお城を作り上げました。また、お城にはディズニー家の紋章（写真②）がデザインされていることにも注目。現在、シンデレラ城の中には、アトラクション「シンデレラのフェアリーテイル・ホール」とショップ「ガラスの靴」があります。ぜひ、行ってみよう。

第7問 「シンデレラのフェアリーテイル・ホール」より
答え ガスとジャック

シンデレラとプリンス・チャーミングが暮らすシンデレラ城。ディズニー映画『シンデレラ』にちなんだアート作品やジオラマ、フォトスポットを見ながら自由に散策することができます。結婚式の様子を描いた絵が飾られた"控えの間"には、ときどきネズミのガスとジャックが姿を現します（写真①）。また"大広間"のフェアリーゴッドマザーの壁画は、カメラでフラッシュ撮影すると、キラキラと輝く魔法の渦巻きが写ります。このほか、ジオラマの中にも、しばらく見ているとすてきな"魔法"がかかるものも！ ひとつひとつじっくりと鑑賞してみよう。

第8問 「キャッスルカルーセル」より
答え シンデレラ

白馬が優雅に回る回転木馬。天蓋の下に飾られているのはディズニー映画『シンデレラ』の名シーンを描いた18枚の絵（写真①）で、シンデレラがプリンセスになるまでのストーリーになっています。ここには映画では見ることができない、ピンク色の衣装を着た、フェアリーゴッドマザーの絵も。美しく飾られた白馬は全部で72頭。それぞれ表情やポーズ、鞍や装飾の色やデザインが異なります。BGMはバンドオルガンの音色で奏でられる「ミッキーマウス・マーチ」や「星に願いを」「小さな世界」など、ディズニーミュージックが全11曲。プリンセス気分になってロマンティックな雰囲気が楽しめます。

第9問 「イッツ・ア・スモールワールド」より
答え 波の上でサーフィン

ボートに乗って、ヨーロッパ、アジア、アフリカ、中南米、南太平洋の島々を巡る船旅へ。各エリアには民族衣装を着た子どもたちのほかに、約40体ものディズニーキャラクターが登場します。南太平洋の島々には、海でサーフィンを楽しむリロとスティッチの姿（写真①）も！ アジアのエリアにはムーランやアラジン、ジャスミンたちが見つけられます。また、クレオパトラ（写真②）をはじめ、カメハメハ、ドン・キホーテなどの姿も。子どもたちが歌う「小さな世界」のメロディーに、ディズニー映画の音楽が盛り込まれていることにも注目して。

第10問 「美女と野獣"魔法のものがたり"」より
答え 甲冑（かっちゅう）

ディズニー映画『美女と野獣』の名曲に合わせて動く魔法のカップに乗って、映画の名シーンを巡ります。美しい絵画と豪華なシャンデリアが飾られた重厚な雰囲気の応接室、ポット夫人とチップがいる朝食部屋の先には、薄暗い鎧の廊下があります。ここには左右に6領の甲冑（写真①）が並んでいます。耳を澄ますとなにか聞こえてくる！ 日本語、英語、フランス語でなにやらささやき声が……。不気味な雰囲気と相反してその内容は、ボヤキやイビキなどゆかいなものです。また、甲冑が手にする武器にも注目。なんとミッキーシェイプに見える穴（写真②）が！ お城の中には、まだまだ隠れミッキーがあるかもしれません。

第11問 「美女と野獣"魔法のものがたり"」より
答え ベルのこと

野獣の城の中にある洗濯場では、シーツにポット夫人とチップのシルエットが映っています。ふたりはお城にやってきたばかりのベルの話をしているのです。「私たちは信じて見守りましょう」とポット夫人。チップが体を洗うためのボウルの中に、お湯をたっぷり入れてあげます。その中へチップがいきおいよくジャンプ！ 母子が向き合って話をする、ほのぼのとしたシーンに。一方、同じシルエットでも、晩餐会の誘いをベルに断られた野獣が怒りをあらわにするシーンは迫力（写真①）！ そばではルミエールとコグスワースがおびえた様子で見守っています。

第12問 「美女と野獣"魔法のものがたり"」より
答え カップ

ゲストは魔法のカップに乗って、ディズニー映画『美女と野獣』の名シーンを巡ります。アトラクションがある"美女と野獣"のエリアには、映画のシーンを彷彿させるものがあちこちに！ 映画の中でベルの父、モーリスが野獣の城に迷い込む原因となった、文字が薄れた標識（写真①）があったり、城を出るときに野獣に乗せられた鉤爪脚（かぎづめ）の馬車（写真②）も見られます。また、レストラン「ラ・タベルヌ・ド・ガストン」の前には、ガストンの噴水が建っていて、そのそばには子分のル・フウの姿も。映画の世界観を楽しみながら、ぜひ散策してみましょう。

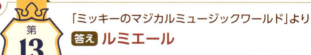

第13問 「ミッキーのマジカルミュージックワールド」より
答え ルミエール

ミッキーと仲間たちが"音楽"を探す旅に出る物語。ファンタジーランド・フォレストシアターで公演されているステージショーです。ミッキーたちが旅先で最初に出会ったのはルミエール（写真①）。彼はティーパーティーを開いて、ミッキーたちをもてなしてくれました。また、公演している劇場のロビーや階段などにも、見どころがいっぱい！ ディズニー映画に登場する動物たちのイラストが描かれたタペストリー（写真②）や、劇場の中庭にも有名な戯曲をディズニー風にアレンジしたポスター（写真③）が飾られています。どんな作品があるかチェックしてみよう。

第14問 「プーさんのハニーハント」より
答え ミツバチの巣

ディズニー映画『くまのプーさん』をテーマにしたアトラクション。ゲストはハニーポットに乗ってプーさんといっしょにハチミツを探す旅へ出かけます。途中、元気よくジャンプするティガーに遭遇。彼のジャンプに合わせハニーポットもバウンド！ その後、ティガーは、いきおいあまってミツバチの巣に頭を突っ込んでしまいました（写真①）。

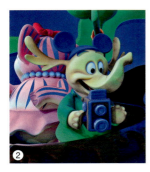

旅の終盤、ゲストはプーさんの夢の世界へ。そこにはハチミツどろぼうのズオウとヒイタチが登場します。さまざまな形や色、大きさのズオウに注目しよう。中にはかわいらしい帽子をかぶったズオウ（写真②）も！ また、コースにもよりますが、ゲストが乗ったハニーポットに、大砲を撃ってくるヒイタチもいるので用心しましょう。プーさんたちと楽しい探険を！

第15問
答え ヒューイ・デューイ・ルーイのグッドタイム・カフェ

ドナルドの甥っ子、ヒューイ、デューイ、ルーイが作ったレストラン。カウンターのうしろには見覚えのある衣装（写真①）が並んでいます。3人ともここで着替えてから料理を作っているのかも？ 壁に飛び散ったパイや野菜から、彼らのやんちゃぶりが想像できます。トゥーン（アニメーションのキャラクター）が住む街の中には、ヒューイたちの親族の姿も。ドナルドのおじさんである大金持ちのスクルージ・マクダックや、スクルージ・マクダックの親戚、科学者のルードヴィッグ・ヴォン・ドレイク（写真②）、ドナルドのおばあさん、グランマ・ダックなどが見つけられます。

第16問 「ガジェットのゴーコースター」より
答え ドングリ

天才発明家のネズミの女の子、ガジェットが作ったドングリのミニコースター（写真①）。ミニコースターは小さいながら、カーブやアップダウンが多く、意外とスリリング！ ガジェットは、1989年のテレビシリーズ「チップとデールの大作戦 レスキュー・レンジャーズ」でデビューしました。アトラクションの待機列にあるものも彼女がリサイクルしたものかもしれません！ 長い定規やクレヨンが柵のようになっていたり、コースターの引き上げ機（写真②）にもサッカーボールや空き缶のようなものが使われています。

第17問 「ミニーのスタイルスタジオ」より
答え フィガロ

ファッションデザイナーとして活躍中のミニーと会える！ ミニーのオフィスには、彼女の愛猫であるフィガロのベッドが！ その脇には魚の形をしたテーブルがおかれ、食事が並んでいます（写真①）。さらにワークルームの床には、ペンキまみれの足跡があちこちに！ たどっていくと、なんと箱の中からフィガロが顔を出します。また、ロビーには、ファッションデザイナーとしてのミニーを称える、メジャーをモチーフにしたメダル（写真②）など、ユニークなトロフィーや賞状なども飾られています。ミニーに会う前にも見どころがたくさん！

第18問 「ビッグポップ」より
答え ポップコーン

宇宙をテーマにしたポップコーンの専門店。天井には星空が描かれ、宇宙の始まりの大爆発とされる"ビッグバン"を表現した巨大なポップコーンのシャンデリア（写真①）が見られます。天井の星空をよく見ていると、ベイマックスの星座（写真②）を発見！ 星座は現れたり、消えたりするので、偶然見られたらとってもラッキー！ また「ビッグポップ」という店名は、コーンの小さな粒がエネルギーによって弾かれ、ポップコーンとなっていく過程が"ビッグバン"を想起させたことからその名がつけられました。

第19問 「クラブマウスビート」より
答え マラカス

　トゥモローランドの「ショーベース」で上演されている、エキサイティングなステージショー。ミッキーたちがヒップホップやラテン、ポップスなどの音楽に合わせてダンスパフォーマンスする、人気のクラブ"クラブマウス"が舞台になっています。チップとデールはマラカスを振りながら「マンボ！」を披露。ノリノリで、息のあったダンス（写真①）を見せてくれます。またデイジーにいいところを見せようと闘牛士（写真②）、オーケストラの指揮者、ロックミュージシャン風と、次々と変わるドナルドの衣装にも注目です。

第21問 「ディズニー・ハーモニー・イン・カラー」より
答え ティンカーベル

　東京ディズニーリゾート40周年を記念して、2023年4月15日からスタートした、東京ディズニーランドのデイパレード。"色あざやかな、ハーモニーの世界へ"をテーマに、華やかなフロートとたくさんのディズニーキャラクターが登場します。パレードの最初に登場するのはティンカーベル。美しい七色の虹と、たくさんの花びらで彩られたフロートに乗っています（写真①）。そしてフィナーレには、ミッキーと仲間たちが大集合！　ミッキーの帽子が星形になっていたり、ミニーのヘア飾りが風車になっているなど（写真②）、衣装もこだわりのある、色あざやかなデザインとなっています。

第20問 「モンスターズ・インク"ライド＆ゴーシーク！"」
答え オレンジ

　ゲストはディズニー＆ピクサー映画『モンスターズ・インク』に登場する、マイクやサリーたちといっしょに「フラッシュライトかくれんぼゲーム」に参加します。ロビーの壁（写真①）には、これからゲームにチャレンジするゲストに向けて、モンスターやブーからのメッセージが書かれたポスターが貼ってあります。例えば「どんなヘルメットでもてらしてみるべし」とはマグジー。大きくて恥ずかしがり屋のテッドは「ボクのことも忘れずに見つけてね」。「見つけられるかな？」とは、陽気でゆかいなビーカーからのメッセージ。その中にはアトラクションオリジナルのキャラクター、オレンジ色の姿をしたロッキー（写真②）も。「キャハハハハ！」と、小さくてかわいらしい姿をしています。夜の街には個性的なモンスターがいっぱい！　何人のモンスターを発見できるか、探してみよう！

第22問 「東京ディズニーランド・エレクトリカルパレード・ドリームライツ」より
答え 4頭

　東京ディズニーランドの夜を光が彩る、ナイトパレード。約100万個のライトがつけられた約20台のフロートが、ミッキーたちを乗せ、パレードルートを巡ります。その長さは全長約700mにも！　4頭の馬がひく、シンデレラを乗せたかぼちゃの馬車は、青、紫、緑などに色を変えます。光による変身パターンが多いのがジーニーのフロート。色やデザインだけではなく、他のキャラクターに変身してしまうことも（写真①）。また、雨天の場合には「ナイトフォール・グロウ」（写真②）が実施されます。パレードルートを、光の魔法でさまざまな色に変化する4台のフロートに乗って進むミッキーたち。ステンドグラスのような美しい衣装にも注目を。

東京ディズニーシー編
Tokyo DisneySea

第23問 「ソアリン：ファンタスティック・フライト」より
答え ドリームフライヤー

空を飛ぶという人類の夢を称えた博物館ファンタスティック・フライト・ミュージアム。2代目館長のカメリア・ファルコの生誕100周年を記念した特別展が開催されています。館内には、世界中の人々の飛行へのイマジネーションや願望、夢が描かれた壁画が飾られていますが、その中には忍者（写真①）や火消しなど、日本にちなんだ作品も。展示品を鑑賞したあとは、いよいよ空飛ぶ乗り物、ドリームフライヤーへ。乗車する手前の部屋には、東京ディズニーシーの上空を飛び回るドリームフライヤーの絵画（写真②）も飾られています。これを見ることで、フライトへの期待がますます高まりそう！

①

②

第24問 「タワー・オブ・テラー」より
答え エレベーター

ゲストを乗せたエレベーターが急降下、急上昇を繰り返す、スリリングなアトラクション。呪いの偶像、シリキ・ウトゥンドゥによるものなのか、エレベーターで突如姿を消した、ホテルハイタワーのオーナー、ハリソン・ハイタワー三世。ホテルハイタワーは、廃墟となった今もなお、過去の栄華を思わせる豪華な雰囲気が残っています。かつての「オリンピック・レストラン」の扉（写真①）も、メニューボードもそのまま。内容を見てびっくり！ サソリのコンソメやタランチュラのクリームなど、食欲がそそられない料理名ばかりが並んでいます。また、ホテル各階の施設が書かれた案内ボード（写真②）も。それによるとハリソン・ハイタワー三世は最上階に住んでいたようです。

①

②

第25問 「S.S.コロンビア・ダイニングルーム」より
答え ピアノ

豪華客船S.S.コロンビア号の3階デッキにあるレストラン。内装は、白とグリーンを基調としたエレガントなアールヌーヴォー調になっています。ダイニングの奥には、グランドピアノ（写真①／※現在は演奏されていません）が置かれるなど、最高級客船の一等客室専用のダイニングをイメージ。S.S.コロンビア号が停泊するニューヨークの港には、実業家のコーネリアス・エンディコット三世が経営するU.S.スチームシップカンパニーがありますが、この会社がS.S.コロンビア号のほか、通信社や新聞社を所有しています。レストラン「ドックサイドダイナー」の一部がオフィスに（写真②）。

①

②

第26問 「ダッフィー＆フレンズのワンダフル・フレンドシップ」より
答え 船

レストラン「ケープコッド・クックオフ」の一部のダイニングエリアで上演されるステージショー。ダッフィー＆フレンズ7人全員が登場します。みんなの得意なことを活かしたパーティーを開くことにしたダッフィーたち。ジェラトーニは絵、クッキー・アンはお菓子作り、ダンスをしながら飾りを作るステラ・ルーとシェリーメイ。またパーティーのために曲を作るオル・メルと、得意なことはみんなさまざま！ ハプニングを乗り越え、完成したケーキは、ジェラトーニが描いたような船の形に（写真①）！ お互いが助け合っていることに気づいた7人は、今日を"友だちの日"と名づけたのです。

①

第27問 「シーサイドスナック」より
答え ドナルドダック

時空を超えた未来のマリーナ、ポートディスカバリーにあるワゴン。ここでは「うきわまん（エビ）」が食べられます。パッケージにはドナルドが描かれ、まるでドナルドが浮き輪をつけて泳いでいるかのようなデザイン（写真①）に。モチモチの中華生地の中には、エビ、イカ、豚のひき肉などがたっぷり入っていて食べごたえも満点です。お店のすぐ近くには「アクアトピア」や「ニモ＆フレンズ・シーライダー」などが見え（写真②）、景観もばっちり。夜はライトアップされ、幻想的な雰囲気になるので、食べ歩きしながらパーク定番のおいしさを楽しもう。

第28問
答え ミッキー＆フレンズ・グリーティングトレイル

ロストリバーデルタのジャングルの奥地で、古代遺跡や植物、昆虫などの調査・研究をしているミッキーやミニー、ドナルドと会うことができます。お目当てのキャラクターが待つそれぞれのサイトやトレイルにはふしぎな出土品や珍しい植物、昆虫がたくさん！ 昆虫が描かれたスケッチブックが置かれていたのは、自然観察トレイル。スケッチブックの横にある拡大鏡をのぞくと、ミッキーシェイプの模様をつけた虫（写真①）、キャラクターを思わせる風貌の虫（写真②）など、ユニークな姿をした昆虫が！

第29問 「インディ・ジョーンズ®・アドベンチャー：クリスタルスカルの魔宮」より
答え パコ

1930年代の中央アメリカ。古代神殿の中にあるといわれる"若さの泉"を求め、ゲストは「魔宮ツアー」に参加します。このツアーを企画したのは、考古学者インディ・ジョーンズ博士の助手であるパコ。軽妙なトークでツアーへの参加を呼びかけますが、どうにも胡散臭い。案の定、神殿の守護神、クリスタルスカルの怒りをかいます。クリスタルスカルの色（写真①）、伝説の大蛇の目の色が、赤くなったら要注意。危険の前触れです。ちなみに「魔宮ツアー」の途中、壁に水が反射しているような場所（写真②）が！もしかしたらその向こうに"若さの泉"があることを示しているのかも？

第30問 「フェアリー・ティンカーベルのビジーバギー」より
答え ネズミ

ティンカーベルが作ったビジーバギーに乗って、妖精の谷"ピクシー・ホロウ"を巡ります。アトラクションの入り口を抜けると、ゲストは妖精のサイズ（写真①）に！ 周囲の花や鳥が大きく見えます。ゲストは、本日お休みをしたビジーバギーの運転手、ネズミのチーズに代わって配送のお手伝いをします。ヒマワリなどが見られる夏の湿地、トウモロコシなどの作物を収穫する秋の森、地面が凍ってビジーバギーが滑る冬の森、そして暖かな春の谷。ここで出会ったネズミのチーズの前には、妖精たちから贈られた大好物のチーズが（写真②）！そう、今日はチーズのお誕生日だったのです。うれしそうなチーズの表情にも注目を。

第31問 「アナとエルサのフローズンジャーニー」より
答え アレンデール城

ボートに乗って、ディズニー映画『アナと雪の女王』の物語を追体験できるアトラクション。待機列の途中にあるプレイルームの中央にはアレンデール城をイメージした、大きなオルゴール(写真①)が置かれています。オルゴールから流れてくる曲は「雪だるまつくろう」などの映画のメロディー。また、扉からはアナやオラフの人形(写真②)が次々と現れます。このほかにも、アナとエルサの家族の思い出がつまった肖像画が並ぶファミリールームや、天井にオラフが現れることもある温室、映画で見たことがあるような暖炉や時計がある図書室(写真③)など、ボートに乗るまでの待機列にも見どころが盛りだくさん!

第32問 「ラプンツェルのランタンフェスティバル」より
答え 絵筆

ディズニー映画『塔の上のラプンツェル』の世界が舞台。ゲストはボートに乗ってランタンフェスティバルへと向かいます。ラプンツェルの親友でカメレオンのパスカルは、各シーンに登場。ボートハウスの作業場では絵筆をくわえています(写真①)。ここにはラプンツェルが描いた絵があり、絵の具や鉛筆が散らばっています。もしかしたらラプンツェルのお手伝いをしていたのかもしれません。ほかにも、ジェスチャーでメッセージを伝えようとしたり(写真②)、長い髪を木の枝に巻きつけて回るラプンツェルを見て目を回すなど、愛らしいシーンが楽しめます。アトラクション体験中、あちこちのシーンに登場するパスカルの動きや表情にも注目しよう。

第33問 「ラプンツェルのランタンフェスティバル」より
答え 鼻

アトラクションの待機列には、大泥棒のフリン・ライダーの手配書があちこちに! 貼ってある場所によって、フリン・ライダーの鼻の形や手配書の内容が違うのがユニーク(写真①)。きっとだれも彼の本当の顔を知らないのでしょう。またディズニー映画『塔の上のラプンツェル』に登場する荒くれ者たちのひとり、ショーティーの手配書(写真②)も。彼の罪は「不摂生」だったり「欲張り」など軽いもの。アトラクションのシーンにもショーティーはキューピッドの扮装をして登場します。ほか、コレクションしているユニコーンを持った大男のウラジミール、鼻が大きくてロマンチストのビッグノーズの姿も見ることができます。

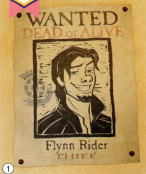

第34問
答え ガラスの靴

東京ディズニーシーの新テーマポート、ファンタジースプリングス。ファンタジースプリングス・エントリーウェイからエリアに入って、まず目にするのが"魔法の泉"です。これは精霊が水の流れに乗って旅をし、そこで出会った数々の物語を岩に刻んだというもの。ミッキーやピーターパン、ラプンツェル、アナとエルサなどディズニーキャラクターをイメージした岩があり、そのまわりを水が流れています。階段を下りるシンデレラのそばにはガラスの靴(写真①)があり、ストーリーを彷彿させます。このほか、岩の輪郭をよく見ると白雪姫の横顔に見えるものや、滝の裏側から魔法の鏡の顔が浮かびあがっているシーン(写真②)など見どころがいっぱいです。

第35問 「ジャスミンのフライングカーペット」より
答え クジャク

ディズニー映画『アラジン』に登場する、魔法のじゅうたんの兄弟姉妹たちに乗って、ロイヤルガーデンを旋回するアトラクション。その高さは最高約5mにも！ アトラクションの中にはクジャクをモチーフにした飾り（写真①）が、あちこちにあしらわれています。その数はなんと102羽！ フライングカーペットの前の席にあるレバーを動かすと高さが、うしろの席にあるレバーを動かすと角度が調節できます（写真②）。前後の席で息を合わせて飛び立てば、素晴らしい空の旅になることまちがいなし。また、2階にある展望バルコニーは、アトラクション体験中の仲間を撮影するベストスポット。

第36問 「ジャスミンのフライングカーペット」より
答え ラジャー

ディズニー映画『アラジン』に登場する、魔法のじゅうたんの兄弟姉妹たちに乗って、ロイヤルガーデンの上空を旋回。入り口にはジャスミンのペット、トラのラジャーの像（写真①）が飾られています。アトラクション内にはアラジン、サルタン王、ジーニーのほか、ジャスミンとラジャーの仲のよさが伝わる壁画が8枚も！ そしてラジャーの像の横には入り口を挟んで金色のトラの像があります。その姿はまるで、映画の中でアラジンが魔法のランプを手に入れた洞窟の入り口を思わせる風貌！ 日が暮れ、夜になると目が赤く光り、神秘的な雰囲気が漂います（写真②）。ぜひチェックしてみて。

第37問 「シンドバッド・ストーリーブック・ヴォヤッジ」より
答え クジラ

シンドバッドといっしょに"最高の宝物"を探しに航海へ出発！ 途中さまざまなハプニングに見舞われながらも、それを乗り越え故郷へと帰還します。その際に乗ったものはクジラの背中（写真①）。船ごと乗せてもらえるような巨大なクジラでした。シンドバッドの旅の相棒はトラのチャンドゥ。愛くるしい表情と、赤いターバンが特徴です。小さいながら盗賊とも戦い、勇敢な性格です。その一方、バナナの山の中から顔を出したり（写真②）、宝箱の中に頭を突っ込んで尻尾だけ出すなど、子どもらしい一面も。各シーンに登場するので、チャンドゥのしぐさにも注目しよう。

第38問 「マジックランプシアター」より
答え シャワー

自称"世界一偉大なマジシャン"のシャバーンによって、魔法のランプに閉じ込められてしまったジーニー。シャバーンの召し使い、アシームによって助け出されたとき、ジーニーはなんとシャワー中（写真①）でした。マシンガントークをさく裂させながら、シャバーンをやっつける方法を考えるジーニー。「魔法のめがね」をかけたゲストが、スクリーンとステージの一体感を味わえるのもこのアトラクションならでは。プレショーで出会う妖しい雰囲気をもったコブラのベキート（写真②）の存在や、ジーニーが最後にゲストに仕掛けるイタズラなどワクワクするステージショーが楽しめます。

第39問 「アリエルのプレイグラウンド」より
答え クラゲ

ディズニー映画『リトル・マーメイド』に登場するシーンやキャラクターがモチーフになったプレイスペース。ここでは、時間や天候を気にすることなく、自由に見て、触れて過ごすことができます。薄紫色に光る骨のトンネル"シードラゴン"の先にあるのは"アースラのダンジョン"。化粧台のボタンを押すと、海の魔女アースラが鏡の中に現れます。ゲストに声をかけながら、表情を次々と変えていくさまは不気味（写真①）！

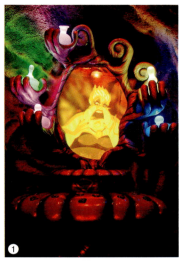

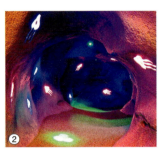

この恐ろしいエリアから脱出できるのは、クラゲのトンネル（写真②）だけです。クラゲは岩の回廊の中で光り、ゲストを出口へと導いているかのよう！ "アースラのダンジョン"では、アースラの手下のウツボたちの姿も見ることができます。アリエルたちの仲間になった気分で海底世界を楽しもう。

第40問 「スカットルのスクーター」より
答え 望遠鏡

ディズニー映画『リトル・マーメイド』に登場するカモメのスカットルが、ヤドカリを集めて作った乗り物。ゲストは"ぽよよ〜ん"と弾むヤドカリの背中に乗り、ハチャメチャな動きを楽しむことができます。このヤドカリたちの真ん中にいるのが、望遠鏡を逆さまにのぞいている、ちょっぴりドジ

な愛すべきスカットル。望遠鏡のほうをよく見ると、スカットルの目が映りこんでいるのがわかります（写真①）。また周辺にはスカットルの足跡らしきもの（写真②）も！ カエルや貝など、海辺で暮らす生物がたくさんいるこの場所。スカットルもウミガメの背中に乗っています。

第41問
答え 海底2万マイル

天才科学者ネモ船長は、どこの国にも属さない謎の人物です。彼には平和な世界を作りたいという信念があり、ミステリアスアイランドのカルデラ湖に作った秘密基地で、さまざまな計画を進めています。ネモ船長の肖像画が飾られているのは「海底2万マイル」の待機列の途中にある標本洗浄室。標本洗浄室がある研究室は本や地図などの資料が散乱し、ネモ船長が日夜研究に没頭しているらしいことがわかります。また、休息をとる際に使うのか、ティーカップとポット（写真①）も。「海底2万マイル」の小型潜水艇、「センター・オブ・ジ・アース」の地底走行車など、ミステリアスアイランドではネモ船長の発明品をたくさん見ることができます。

東京ディズニーリゾート編
Tokyo Disney Resort

第42問
答え ダッチェス

昔々、はるか遠いところに精霊が住む魔法の泉がありました。泉の精霊は旅の途中、たくさんのファンタジーの物語に出会いました。精霊は泉に戻ると魔法の力で岩を削り、出会った世界を再現しました。それが"魔法の泉"（写真①）です。ときは流れ、ある日、旅と冒険を愛する"ダッチェス"と呼ばれる女性がこの"魔法の泉"を見つけます。"魔法の泉"に魅了された彼女は、より多くの友人を招いて楽しめる棟（シャトー）を作りました。これが東京ディズニーシー・ファンタジースプリングスホテルの誕生の物語です。ダッチェスが描かれた絵画は、東京ディズニーシー・ファンタジースプリングスホテル（写真②）やファンタジースプリングス・ギフトの中で見ることができます。

ディズニーファン・チャレンジ＋ Part 1

誰の目？ Eyes

目に特徴のあるディズニーキャラクターの目を、アップにしてみましたよ。
「目は口ほどに物を言う」。誰の目だかわかりますか？
答えはP125を見てね。

1

2

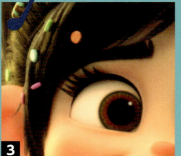
3

4

5

6

7

8

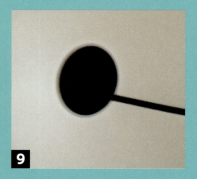
9

10

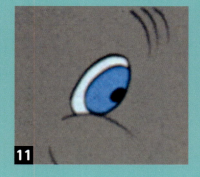
11

12

46　DISNEY FAN CHALLENGE

Chapter 3

ディズニーファン・チャレンジ
〜アニメーション映画編〜

Quiz & Answer

あなたはチャレンジしてみた？
ディズニーのさまざまなジャンルから出題された
「ディズニーファン・チャレンジ」の問題を全掲載。
チェックボックス(■)を活用してトライしてね！
答えと解説は58ページから。

アニメーション映画

1928年に公開されたミッキーマウスの短編アニメーションがすべての源となり、1937年に世界初の長編アニメーション『白雪姫』が製作されました。以来、数々の名作が生まれ、CGアニメーションの雄ピクサー作品も加わりました。

長編アニメーションマーク凡例
- **1st** 1937-1967　ウォルト・ディズニーが直接関わった第1期
- **2nd** 1970-1994　ウォルト没後からの第2期
- **3rd** 1995-2024　ピクサー参入から現代まで

ライトコース Light Course

第1問
1st 1934年にデビューし、2024年に90周年を飾ったのは？

- □ ①ドナルドダック
- □ ②ミッキーマウス
- □ ③プルート
- □ ④グーフィー

第2問
1st 『白雪姫』(1937)より

7人のこびとの家で白雪姫が最初にしたことは？

- □ ダンス
- □ 昼寝
- □ 料理
- □ そうじ

第3問
1st 『ピノキオ』(1940)より

ピノキオが嘘をつくとどうなる？

- □ 首が伸びる
- □ 背が伸びる
- □ 鼻が伸びる
- □ 足が伸びる

第4問
1st 『ピーター・パン』(1953)より

ダーリング家の末っ子マイケルがいつも持っているのは？

- □ クマのぬいぐるみ
- □ 犬のぬいぐるみ
- □ 海賊の人形
- □ 黒い傘

第5問 1st 『101匹わんちゃん』(1961)より

クルエラ・ド・ビルの髪の色は？

- ☐ 右が白で左が黒
- ☐ 右が黒で左が白
- ☐ 真っ黒
- ☐ 真っ白

第6問 2nd 『リトル・マーメイド』(1989)より

アカデミー賞歌曲賞「アンダー・ザ・シー」を歌うのは誰？

- ☐ ①セバスチャン
- ☐ ②アリエル
- ☐ ③スカットル
- ☐ ④アースラ

第7問 2nd 『ライオン・キング』(1994)より

テーマ曲「サークル・オブ・ライフ」の冒頭の詠唱は何語？

- ☐ 日本語
- ☐ フランス語
- ☐ 中国語
- ☐ ズールー語

第8問 3rd 『塔の上のラプンツェル』(2010)より

作品に登場するこのウマの名前は？

- ☐ カーン
- ☐ サムソン
- ☐ マキシマス
- ☐ アンガス

第9問 3rd 『アナと雪の女王』(2013)より

オラフの鼻はどんな野菜？

- ☐ ビーツ
- ☐ ダイコン
- ☐ ゴボウ
- ☐ ニンジン

第10問 3rd 『ズートピア』(2016)より

Mr.ビッグはどれ？

① ② ③ ④

第11問 3rd 『ミラベルと魔法だらけの家』(2021)より

姉妹同士でないのは誰？

① ② ③ ④

Quiz

第12問 3rd 『トイ・ストーリー』(1995)より
バズがシドの家に行くことになったのはなぜ？

- □「ピザ・プラネット」の景品になった
- □ クレーンゲームでゲットされた
- □ 車から落ちて拾われた
- □ アンディがシドにあげた

第13問 3rd 『モンスターズ・インク』(2001)より
「モンスターズ・インク」の会社のマークはどれ？

① ② ③ ④

第14問 3rd 『ファインディング・ニモ』(2003)より
ウミガメのクラッシュは何歳？

- □ 6歳
- □ 2003歳
- □ 400歳
- □ 150歳

第15問 3rd 『カールじいさんの空飛ぶ家』(2009)より
登場するのはどの犬？

- □ ①ダグ
- □ ②スカッド
- □ ③バスター
- □ ④ダンテ

第16問 3rd 『インサイド・ヘッド』(2015)より
主人公は？

- □ 人間の細胞たち
- □ 人間の感情たち
- □ 人間の魂たち
- □ 人間の内臓たち

ディズニープリンセスコース
Disney Princess Course

第17問 1st 『白雪姫』(1937)より
7人のこびとのうち、一言もしゃべらないのは誰かしら？

- □ くしゃみ
- □ てれすけ
- □ おとぼけ
- □ おこりんぼ

DISNEY FAN CHALLENGE

Chapter 3

第18問 1st 『シンデレラ』(1950)より

シンデレラがお城の舞踏会に行くとき、フェアリー・ゴッドマザーの魔法でウマになった動物は何かしら？

- ☐ 鳥
- ☐ ネズミ
- ☐ イヌ
- ☐ ネコ

第21問 2nd 『美女と野獣』(1991)より

作中、ベルは何着の服を着るでしょう？

- ☐ 2着
- ☐ 3着
- ☐ 4着
- ☐ 5着

第19問 1st 『眠れる森の美女』(1959)より

糸車の針に指を刺したオーロラ姫が眠っていた時間はどれくらい？

- ☐ 半日
- ☐ 1日
- ☐ 半年
- ☐ 1年

第22問 2nd 『アラジン』(1992)より

市場で出会ったジャスミンとアラジンを取りもった果物は何かしら？

- ☐ リンゴ
- ☐ オレンジ
- ☐ バナナ
- ☐ レモン

第20問 2nd 『リトル・マーメイド』(1989)より

エリック王子のお城へ行ったアリエルは、フォークを何と間違えたでしょう？

- ☐ 靴べら
- ☐ シャベル
- ☐ くし
- ☐ 孫の手

第23問 3rd 『ポカホンタス』(1995)より

ポカホンタスが恋をしたジョン・スミスは何人（なにじん）でしょう？

- ☐ アメリカ人
- ☐ フランス人
- ☐ イギリス人
- ☐ ドイツ人

答えと解説はP.58〜

Quiz

第24問 3rd 『ムーラン』(1998)より
ムーランと旅した小さなクリキーはなにかしら？

- ☐ アリ
- ☐ バッタ
- ☐ ハチ
- ☐ コオロギ

第25問 3rd 『プリンセスと魔法のキス』(2009)より
この作品に登場する王子は、なんという名前？

- ☐ ユージーン
- ☐ ハンス
- ☐ フィリップ
- ☐ ナヴィーン

第26問 3rd 『塔の上のラプンツェル』(2010)より
ラプンツェルがフリンと一緒に空に浮かぶランタンを見たのは、何歳の誕生日でしょう？

- ☐ 16歳
- ☐ 17歳
- ☐ 18歳
- ☐ 19歳

第27問 3rd 『メリダとおそろしの森』(2012)より
メリダが暮らすお城はどれかしら？

① ②

③ ④

第28問 3rd 『モアナと伝説の海』(2016)より
海底の魔物の国に住むタマトアは何の怪物でしょう？

- ☐ カニ
- ☐ エビ
- ☐ イカ
- ☐ タコ

第29問 3rd 『ラーヤと龍の王国』(2021)より
この作品以外で、龍が登場するプリンセス作品は何でしょう？

- ☐ 『アラジン』
- ☐ 『ムーラン』
- ☐ 『メリダとおそろしの森』
- ☐ 『モアナと伝説の海』

52　DISNEY FAN CHALLENGE

第30問

次のプリンセスのなかで両親が健在なのは誰かしら？

- ①ティアナ
- ②シンデレラ
- ③ポカホンタス
- ④オーロラ姫

第31問

次のプリンセスのなかで、王子とのダンスシーンがないのは誰？

- ①オーロラ姫
- ②シンデレラ
- ③白雪姫
- ④アリエル

第32問

次の作品のなかで原作がグリム童話ではないのはどれでしょう？

- ①『美女と野獣』
- ②『プリンセスと魔法のキス』
- ③『白雪姫』
- ④『塔の上のラプンツェル』

チャレンジコース
Challenge Course

第33問 1st 『白雪姫』(1937)より

『白雪姫』のアニメーション製作にあたって、モデルとして実写映像で白雪姫を演じたのは誰？

- ヘレン・スタンリー
- マージ・チャンピオン
- マーガレット・ケリー
- アドリアナ・カセロッティ

第34問 1st 『ファンタジア』(1940)より

この映画で使われていないクラシックの音楽家は？

- モーツァルト
- バッハ
- チャイコフスキー
- ベートーヴェン

第35問 1st 『三人の騎士』(1945)より

ドナルドダックが訪れた国はどこ？

- インド
- アラスカ
- ブラジル
- スペイン

答えと解説はP.58～

Quiz

第36問 2nd 『ミッキーのクリスマス・キャロル』(1983)より
たくさんのキャラクターが役を演じていますが、登場しないキャラクターは？

- ☐ ジミニー・クリケット
- ☐ ドナルドダック
- ☐ ピート
- ☐ くまのプーさん

第37問 2nd 『プーさんとイーヨーのいち日』(1983)より
プーさんたちが行う遊び「プーの小枝投げ」とは、どんなことから始まる遊び？

- ☐ 橋の上から川に小枝を投げ入れる
- ☐ 小枝を遠くに投げる
- ☐ 小枝を空中に放り投げる
- ☐ 小枝を投げて的に当てる

第38問 2nd 『コルドロン』(1985)より
主人公ターランはなんの仕事をしていた？

- ☐ 羊飼い
- ☐ 牛飼い
- ☐ ブタ飼い
- ☐ 魔法使い

第39問 2nd 『美女と野獣』(1991)より
野獣は何歳？

- ☐ 20歳
- ☐ 19歳
- ☐ 21歳
- ☐ 22歳

第40問 3rd 『ムーラン』(1998)より
ファ家の守護竜ムーシューの声優は？

- ☐ エディ・マーフィー
- ☐ ロビン・ウィリアムズ
- ☐ トム・ハンクス
- ☐ ウィル・スミス

第41問 3rd 『リロ&スティッチ』(2002)より
スティッチの別の名は、試作品626号。では、試作品625号は？

- ☐ エンジェル
- ☐ ルーベン
- ☐ コブラ・バブルス
- ☐ ガントゥ

第42問 3rd 『トレジャー・プラネット』(2002)より
原作となった有名な小説は？

- ☐ 「鬼ヶ島」
- ☐ 「宝島」
- ☐ 「浦島」
- ☐ 「ひょっこりひょうたん島」

Chapter 3

第43問 『ボルト』(2008)より
スター犬ボルトが勘違いしている ことは？

- ☐ 自分は猫である
- ☐ 自分は鳩である
- ☐ 自分にスーパー パワーがある
- ☐ 自分は人間の言葉を 話せる

第44問 『ティンカー・ベル』(2008)より
もの作りの妖精が やらないことはなに？

- ☐ 妖精の粉の管理をする
- ☐ 妖精たちが使う道具を作る
- ☐ 人間界(メインランド)の 漂着物を組み立てる
- ☐ ハンマーを使う

第45問 『塔の上のラプンツェル』(2010) より
ラプンツェルの黄金の髪は 約何メートル？

- ☐ 11メートル
- ☐ 16メートル
- ☐ 21メートル
- ☐ 26メートル

第46問  『シュガー・ラッシュ』(2012)より
ゲーム「シュガー・ラッシュ」に広がるお 菓子の山々のシーンは、作品のオマー ジュとして別のアニメーションにも登 場しています。それは？

- ☐ 『ベイマックス』
- ☐ 『アナと雪の女王』
- ☐ 『ズートピア』
- ☐ 『塔の上の ラプンツェル』

第47問 『ベイマックス』(2014)より
ケア・ロボットのベイマックスが やらないことは？

- ☐ 毒味をする
- ☐ 消毒液を塗る
- ☐ 人の体を スキャンする
- ☐ 装備をつけて 空を飛ぶ

第48問 『モアナと伝説の海』(2016)より
本作の監督コンビ、ジョン・マスカー とロン・クレメンツは他にもプリンセ ス作品を監督しています。彼らの監督 作品じゃないものは？

- ☐ 『アラジン』
- ☐ 『リトル・マーメイド』
- ☐ 『美女と野獣』
- ☐ 『プリンセスと 魔法のキス』

答えと解説はP.58～

Quiz

第49問 3rd 『アナと雪の女王2』(2019)より
4つの精霊のうち、エルサをアートハランまで運んだのは？

- ①水の精霊ノック
- ②風の精霊ゲイル
- ③火の精霊サラマンダー
- ④地の精霊アース・ジャイアント

第50問 3rd ディズニー100周年記念作品『ウィッシュ』(2023)より
アーシャの願いに応えて舞い降りたスターは、どんなキャラクターがもとになっている？

- ティンカー・ベル
- ピーター・パン
- ミッキーマウス
- ミニーマウス

第51問 3rd 『トイ・ストーリー』(1995)より
バズ・ライトイヤーのセリフ「無限の彼方へ、さあ行くぞ！」は、どんな時に生まれた？

- テスト用のアニメーションの脚本を考えていた時
- バズのモデルになった宇宙飛行士にインタビューしていた時
- バズの声を演じたティム・アレンがセリフを収録していた時
- スタッフ向けの試写が行われた時

第52問 3rd 『バグズ・ライフ』(1998)より
フリックが連れてきた虫の助っ人たちの正体は？

- 劇団
- バスケットチーム
- サーカス団
- コーラス隊

第53問 3rd 『カーズ』(2006)より
主人公マックィーンを導くドック・ハドソンは、ハリウッドの大スターが演じています。それは？

- トム・ハンクス
- マイケル・キートン
- キアヌ・リーブス
- ポール・ニューマン

第54問 3rd 『レミーのおいしいレストラン』(2007)より
レミーが開く小さなレストランの名前は？

- グストー
- ラタトゥーユ
- ラ・リベリュール
- ハングリーベア・レストラン

第55問 3rd 『トイ・ストーリー3』(2010)より

ミスター・プリックルパンツが演じたのは「ロミオとジュリエット」のロミオ。ジュリエットを演じたのは？

- ☐ ウッディ
- ☐ ジェシー
- ☐ バービー
- ☐ エイリアン

第56問 3rd 『アーロと少年』(2015)より

アーロはどんな種類の恐竜？

- ☐ ステゴサウルス
- ☐ スティラコサウルス
- ☐ アパトサウルス
- ☐ ティラノサウルス

第57問 3rd 『リメンバー・ミー』(2017)より

『アナと雪の女王』との意外な共通点は？

- ☐ 監督が共通
- ☐ 音楽家が共通
- ☐ 主人公の声優が共通
- ☐ 公開年が共通

第58問 3rd 『インクレディブル・ファミリー』(2018)より

ジャック・ジャックの能力は未知数ですが、今のところない能力は？

- ☐ 料理をする
- ☐ 目から光線を出す
- ☐ 赤いゴブリンに変身する
- ☐ 分身して増える

第59問 3rd 『ソウルフル・ワールド』(2020)より

テリーの役割はなに？

- ☐ 迷える魂を助ける救助係
- ☐ 魂に勉強させる先生
- ☐ 魂の数を数える勘定係
- ☐ 魂にきらめきを与える指導係

第60問 3rd 『私ときどきレッサーパンダ』(2022)より

監督ドミー・シーのデビュー作となった短編は？

- ☐ 『Bao（バオ）』
- ☐ 『月と少年』
- ☐ 『晴れ ときどき くもり』
- ☐ 『ティン・トイ』

第61問 3rd 『インサイド・ヘッド2』(2024)より

高校進学を控えたライリーの頭の中に、4つの「大人の感情」が現れました。次のうち、名前が間違っているのは誰？

- ☐ ①シンパイ
- ☐ ②ハズカシ
- ☐ ③イイナー
- ☐ ④ウザイ

答えと解説はP.58〜

アニメーション映画

『　』はディズニー映画またはディズニー＆ピクサー映画のタイトルです。

ライトコース
Light Course

第1問　答え ①ドナルドダック

ドナルドダックは、1934年6月9日、「シリー・シンフォニー」という短編シリーズの『かしこいメンドリ』でデビューしました。作品の主役は働き者のメンドリで、ドナルドは、メンドリに畑仕事の手伝いを頼まれると仮病を使い、ちゃっかり収穫物だけいただこうとする、一種の悪役ともいえる存在でした。

しかし、そのユニークさが認められ、早くも2か月後には『ミッキーの芝居見物』でミッキーマウスと共演。優等生のミッキーに対して、癇癪持ちのトラブルメーカーというアクの強いキャラクターを確立して以来90年間、スター街道をひた走ってきました。

←ドナルドがミッキーと初共演した『ミッキーの芝居見物』。

第2問　『白雪姫』(1937)より
答え　そうじ

兵士から、女王が自分を殺そうとしていると聞かされた白雪姫は森の奥深くへと逃げ、動物たちの案内で、こびとたちの家にたどり着きました。誰もいない家の中に入ってみると、小さな椅子が7つ、部屋は散らかり放題で、蜘蛛の巣や埃だらけ。白雪姫は、お母さんのいない7人の子どもが住んでいるのだと思い、「口笛ふいて働こう」を歌いながら動物たちと一緒にそうじを始めました。

白雪姫は、帰ってきたこびとたちに事情を話し、家事を引き受けるかわりに、ここにおいてほしいと頼みます。毎日女王に働かされていた白雪姫は、家事万能なのでした。

←床を掃いて埃を払い、お皿を洗って洗濯も。動物たちも楽しそうに手伝います。

第3問　『ピノキオ』(1940)より
答え　鼻が伸びる

星の女神――ブルー・フェアリーに命を与えられたばかりの操り人形ピノキオは、赤ちゃんのように純粋無垢。金儲けを企む正直ジョンことJ・ワシントン・ファウルフェローとギデオンの詐欺師コンビにつけこまれます。人形劇団に売り飛ばされて鳥カゴに閉じ込められたところで、星の女神が現れ……。「学校はどうしたの？」と問われてつい、"大きな怪獣にさらわれた"などと大嘘をつくと、鼻がニョキッ。重ねて嘘をつくとまたニョキッ！

原作の児童文学「ピノッキオの冒険」(コロッディ作)では、ピノッキオはもっと怠け者のいたずらっ子です。嘘をついて伸びた鼻は、キツツキたちがつついて短くしてくれます。

←↑伸びた鼻の先に枝ができて花が咲き、小鳥の巣まで。ジミニー・クリケットもびっくりです。

第4問　『ピーター・パン』(1953)より
答え　クマのぬいぐるみ

幼いマイケルはいつも、クマのぬいぐるみ――彼のテディベアと一緒に寝ています。ロンドンの家でも、ネバーランドへ行っても。犬のぬいぐるみや海賊の人形は登場せず、いつも黒い傘を持っているのは長男のジョンです。

ところで、J.M.バリー著の原作の戯曲「ピーター・パン」(1904)には、モデルがいます。バリーと親しかった、デイヴィス一家の5人の子どもたちでした。長男のジョージ、次男のジョン、三男のピーター、そしてマイケルとニコラス。どの名前もみな、作品に反映されました。バリーは、ピーター・パンの弟マイケル・パンを主人公とする続編の構想も持っていたようですよ。

第5問 『101匹わんちゃん』(1961)より
答え 右が黒で左が白

「毛皮だけが私の生きがいなの。毛皮が嫌いな女なんていないでしょ!?」。『101匹わんちゃん』のなかでも強烈な存在感を放つクルエラ・ド・ビルは、マレフィセントやティンカー・ベルを生み出した伝説のアニメーター、マーク・デイヴィスが作り出した稀代の悪女です。作品の、モダンでスタイリッシュな画風が、彼女にぴったり！ この強烈なキャラクターは、これまで何度も実写映画化されてきました。最初の『101』(1996)では、名優グレン・クローズが、ど迫力のクルエラを演じて話題になりましたし、2021年の前日譚『クルエラ』では、若きクルエラをエマ・ストーンが演じました。クルエラ・ド・ビルの悪の魅力は、クリエーターたちを刺激するようです。

←クルエラの怒りには、手下のジャスパー（右）とホーレスもたじたじです。

第6問 『リトル・マーメイド』(1989)より
答え ①セバスチャン

カリプソ＋レゲエのポップな音楽に乗せてセバスチャンが歌う「アンダー・ザ・シー」は、エリック王子に恋をして、彼に会いに行きたいというアリエルを引き止めるため、海の世界の素晴らしさや楽しさを説いて聞かせる楽曲。宮廷音楽家のセバスチャンは、アリエルにキスをするようにとエリック王子を促す「キス・ザ・ガール」も歌っています。②アリエルの持ち歌「パート・オブ・ユア・ワールド」は、人間の世界への憧れやエリック王子への恋心を切々と訴えるドラマチックなバラード。④アースラがハスキーボイスで歌いあげる「哀れな人々」は圧巻です。ダミ声で音痴の③スカットルに持ち歌はありません。

←海の仲間たちが繰り広げる「アンダー・ザ・シー」のミュージックシーン。

第7問 『ライオン・キング』(1994)より
答え ズールー語

2024年、『ライオン・キング』は公開から30周年を迎えました。ラフィキがシンバを掲げるときに流れる主題歌「サークル・オブ・ライフ」は、ロック界の大御所エルトン・ジョンとブロードウェイの作詞家ティム・ライスがタッグを組み、輪廻転生をテーマにした名曲なのですが……、「ナーツィゴンニャー〜」という謎の言葉から始まっています。これは、南アフリカ現地で使われているズールー語。「父なるライオンがやってきた」というような意味で、王のムファサを称える詠唱。南アフリカ出身のアーティスト、レボ・Mによる、心を揺さぶられる歌唱です。

←「生命は巡る」。この言葉どおり、ムファサとサラビの間にシンバが生まれた時（上）と同じように、大人になったシンバとナラの間に子どもが誕生します。

第8問 『塔の上のラプンツェル』(2010)より
答え マキシマス

白馬のマキシマスは王国の警護隊長の馬。リンゴが好物で、マックスとも呼ばれています。正義感が強く、泥棒のフリン・ライダーを捕らえることに執念を燃やしていましたが、最後はラプンツェルのために協力しあいます。短編『ラプンツェルのウェディング』(2012)でも、カメレオンのパスカルと一緒に大活躍。

残りの選択肢も、ディズニー作品に登場する馬たちです。サムソンは『眠れる森の美女』のフィリップ王子の愛馬で、主人とともに勇猛果敢にドラゴンのマレフィセントに立ち向かいます。カーンはムーラン、アンガスはメリダ、勇ましいプリンセスたちの愛馬です。

↑匂いを嗅ぎまわったり"おすわり"をしたり、犬のようなところもあるマキシマス。

第9問 『アナと雪の女王』(2013)より
答え ニンジン

オラフが人格(!?)を持った雪だるまとして登場したのは、雪山にエルサを探しに行ったアナと出会った時でした。その時に、ニンジンの鼻をつけてもらっています。それまで、鼻はなかったのかな？ 2020年に配信された短編『オラフの生まれた日』を見ると、経緯がわかりますよ。雪山に逃亡したエルサが片手でひょいっと作ったオラフと、最初に出会ったのはオーケン。鼻が欲しいという彼に、いろんな鼻をつけてやります。いちばんしっくりいった鼻は、サマーソーセージでした。鼻はその後、オオカミに食べられてしまいましたが。

↑『アナと雪の女王』で、アナとクリストフの旅に加わるオラフ。

第10問 『ズートピア』(2016)より
答え ①

Mr. Bigという名前ですが、彼は、世界最小の哺乳類、トガリネズミという種類です。イタリア系マフィアの抗争を描いた名作映画"ゴッドファーザー"シリーズのパロディなので、Mr.ビッグはツンドラ・タウンの裏社会のボス。詐欺師のキツネ、ニックが震え上がる大物なのです。②は、ジュディの幼なじみのキツネ、ギデオン・グレイ。③はイタチの泥棒デューク・ウィーゼルトン。④はMr.ビッグの部下のホッキョクグマ、ケヴィンです。

↑Mr.ビッグの娘、フルー・フルーの結婚式。
←ジュディが彼女の命を助けたことがあったので、ニックも極刑を免れました。

第11問 『ミラベルと魔法だらけの家』(2021)より
答え ①ドロレス

コロンビアの谷に建つ魔法の家カシータには、家長のアルマおばあちゃんを中心に、"魔法のギフト"と呼ばれる魔法の力を持ったマドリガル家の人々が暮らしています。血族の中で唯一、力を持たないのは主人公の④ミラベル。正解の、いとこドロレスは、どんな小さな音も聞き逃さない「聴力の魔法」の持ち主。②ルイーサはミラベルの次姉で「力の魔法」、③イサベラはミラベルの長姉で「花の魔法」の持ち主です。

↑挿入歌「秘密のブルーノ」はTikTokなどで大バズりし、ディズニーの名曲の仲間入りをしました。ドロレスとミラベルはラテンダンスを踊りながら歌います。

第12問 『トイ・ストーリー』(1995)より
答え クレーンゲームでゲットされた

図らずも2人で旅することになったウッディとバズ。珍道中を繰り広げながら、デイビー一家が居るはずの「ピザ・プラネット」に入ることができました。人気のピザ屋には、いろんなゲームマシンが並んでいます。エイリアンのクレーンゲームを宇宙船だと勘違いしたバズはマシンの中に入り込み、シドにゲットされてしまいます。笑えるのが、クレーンのアームに捕獲されることを、「神に選ばれた」と信じている緑色のエイリアンたち。このときの「エラバレタ～」という台詞は、『トイ・ストーリー』シリーズを代表する名台詞となり、エイリアンは一躍人気者に！

第13問 『モンスターズ・インク』(2001)より
答え ①

「モンスターズ・インク」とは、モンスターズ株式会社といったような意味。会社のマーク(企業ロゴ)は、Mに大きな目玉がついているデザインです。②は『Mr.インクレディブル』のインクレディブル一家のロゴ。彼らのスーパースーツにはこのロゴがついています。おそらく、デザイナーのエドナ・モードのデザイン!? ③は、作品の前日譚『モンスターズ・ユニバーシティ』でマイクが所属する社交クラブ、ウーズマ・カッパ(Oozma Kappa)の頭文字。④はピクサーの象徴的なボール、通称"ピクサー・ボール"。いろいろな作品にさりげなく登場しています。

←「モンスターズ・インク」の外観。東京ディズニーランドのアトラクション「モンスターズ・インク"ライド&ゴーシーク！"」の建物はこれをモチーフにしています。

第14問 『ファインディング・ニモ』(2003)より
答え 150歳

クラッシュは、東京ディズニーシーのアトラクション「タートル・トーク」にも登場するサーファーのウミガメ。150歳だと、クラッシュ本人が言っているので間違いないでしょう。「サンディ・プランクトンさんが、100歳まで生きるって言ってたよ」とニモが言っていましたが、情報は違っていたわけです。クラッシュは、作品の監督アンドリュー・スタントンの体験から生まれた理想的な父親で、監督自ら声を務めています。ほかの選択肢の、2003は『ファインディング・ニモ』の公開年。400歳は『塔の上のラプンツェル』のヴィラン、ゴーテルの年齢。6歳はこの作品中のニモの年齢。

↑「イエーイ」のタッチをするクラッシュと息子のスクワート。

第15問 『カールじいさんの空飛ぶ家』(2009)より
答え ①ダグ

亡き妻エリーとの約束を果たすため、南米の地パラダイス・フォールズに降り立ったカールじいさんことカール・フレドリクセンは、ゴールデンレトリバー犬のダグに懐かれてしまいます。ダグは喉に翻訳機を装着していて、「初めて会ったけどあなたが大好き」なんてしゃべることができるのです。
②スカッドは『トイ・ストーリー』に登場する凶暴な犬。③バスターは『トイ・ストーリー』のラストでアンディにプレゼントされる子犬。シリーズの2と3でも活躍します。④ダンテは『リメンバー・ミー』(2017)でミゲルが可愛がっている野良犬。毛がないことで知られる、ショロ犬というメキシコ原産の犬種です。

↑カールじいさんと道連れの少年ラッセル、ダグ。

第16問 『インサイド・ヘッド』(2015)より
答え 人間の感情たち

ヨロコビ、カナシミ、イカリ、ムカムカ、ビビリの5人(!?)で、作品は、11歳の女の子ライリーの頭の中の感情たちを描いています。監督のピート・ドクターは、11歳になった自分の娘の様子を参考にして、この映画を作りました。
それにしても、ドクター監督の選ぶテーマは常に独特です。最初は『モンスターズ・インク』で、人間の子どもの悲鳴をエネルギーとするモンスターの世界を描き、『カールじいさんの空飛ぶ家』で78歳の老人を主人公に。『インサイド・ヘッド』では感情たち、『ソウルフル・ワールド』(2020)では人間が生まれる前の魂の世界を描いています。次回作では何を見せてくれるのでしょう？

↑人間の体験の記憶は、感情ごとに5色に分けられて「思い出の保管所」に送られます。"喜び"のボールの色は黄色です。

ディズニープリンセスコース
Disney Princess Course

第17問 『白雪姫』(1937)より
答え おとぼけ

先生(ドック)、おこりんぼ(グランピー)、ごきげん(ハッピー)、ねぼすけ(スリーピー)、てれすけ(バッシュフル)、くしゃみ(スニージー)、おとぼけ(ドーピー)——こびとたちの名前は、そのままキャラクターを表しています。原作では名前もなかったこびとたちにユニークな名前と個性を与えたことが、作品の成功の一因といわれています。
おとぼけは、7人のなかで唯一しゃべらないだけでなく、ただ一人瞳が青く、ひげも髪の毛もありません。なぜしゃべらないのかというと、キャラクターにぴったりの声優が見つからなかったからだそうです。

↑おとぼけはこびとたちの最年少で、外見も行動も、あどけない子どものようです。

第18問 『シンデレラ』(1950)より
答え ネズミ

「ビビディ・バビディ・ブー！」。妖精のおばあさん(フェアリー・ゴッドマザー)の魔法の呪文とともに、かぼちゃが馬車になりました。馬車を引くのは、4匹のネズミたちが変身した白馬。馬のメージャーは御者に、犬のブルーノは従者に変身。シンデレラは美しいドレスとガラスの靴を身につけて、お城の舞踏会に行きました。
1950年に公開された『シンデレラ』はディズニーにとって久々の大ヒットとなりました。第二次世界大戦の影響で深刻な経営難に陥っていたディズニー・スタジオは立ち直り、『ふしぎの国のアリス』(1951)『ピーター・パン』(1953)と続く、戦後の黄金期を迎えることになります。

↑「ビビディ・バビディ・ブー！」は、アカデミー賞歌曲賞にノミネートされました。

第19問 『眠れる森の美女』(1959)より
答え 半日

原作の「ペロー童話集」では、仙女の呪いを受けた姫は、100年もの長い眠りの末に見ず知らずの王子の訪れで目覚め、結婚します。ウォルト・ディズニーは、それをロマンチックなラブストーリーにするべく、原作にない伏線を張りました。オーロラ姫は誕生時に親同士の取り決めでフィリップ王子と婚約します。そして、成長した2人は森で出会い、お互いが婚約者とも知らず恋に落ちるのです。その結果、100年の眠りは半日に短縮されました。姫は16歳の誕生日の日没直前に眠りにつき、王子が呪いを解くために魔女を倒すというクライマックスを経て、夜明けとともに、姫は愛する人のキスで目覚めるというラストシーンが演出されたのです。

↑オーロラ姫は、婚約者がいるから森で会った若者とはもう会えないといわれて悲しみますが、彼こそがその婚約者でした。

Answer

第20問 『リトル・マーメイド』(1989)より
答え くし

人間の世界に憧れているアリエルは、海と陸を行き来しているカモメのスカットルから人間界の情報を得ていました。でも、その情報たるやでたらめ。ある日、海底の難破船で見つけたフォークをスカットルに見せたところ、髪をとかす「カミスキー」だと教えられました。それを真に受けたアリエルは、お城のテーブルにセットされたフォークで意気揚々と髪をとかし始め、怪訝な目で見られてしまいました。

原作はアンデルセンの名作「人魚姫」。悲恋物語の悲しい結末をハッピーエンドに、名もない海の魔女をアースラという強烈な悪役に改編、ディズニーらしい優れたミュージカル・アニメーションが誕生しました。

↑スカットルにいわせると、パイプは「チビホーン」。楽器だそうです。

第21問 『美女と野獣』(1991)より
答え 4着

では、その4着を見ていきましょう。作品の冒頭、ベルは青いジャンパースカートで登場。茶色系が主体の村人たちの服とはっきり区別されています。青は知性や孤独を表す色ともいわれ、ベルは本好きで賢いけれど、周囲からは浮いた存在であることを暗示しているといえます。

野獣の城に囚われたベルは、野獣に命を助けられ、図書室をプレゼントされたシーンでは安心と癒やしの色である緑のドレス。野獣に心を許しはじめた表れです。「愛の芽生え」が歌われる雪の庭では、ロマンと恥じらいのピンクのドレス。そして、ボールルームでのダンスシーンとラストでは、幸福と希望を象徴する黄色のドレスをまとうのでした。

↑服の色から、野獣との関係性とベルの心境の変化が読み取れます。

第22問 『アラジン』(1992)より
答え リンゴ

王女の暮らしに飽き飽きしていたジャスミンは、自由を求めて王宮を抜けだし、活気あふれる朝の市場を歩きます。そんな彼女を見てアラジンは一目惚れ。お金を払って品物を買うという庶民の常識を知らないジャスミンは、お腹を空かせた少年に店先のリンゴをあげたため、店主に泥棒扱いされてしまいました。そのピンチを救ったのがアラジンで、2人はたちまち意気投合します。

リンゴは、アラジンがアリ王子と身分を偽って魔法のじゅうたんで世界を飛びまわるシーンでも重要アイテムとして登場。軽快にリンゴを扱うアラジンの仕草に、ジャスミンは、彼が市場で会った青年だと気づいたのでした。

↑ジャスミンは機転をきかせ、アラジンの話に合わせた芝居で難を逃れます。

第23問 『ポカホンタス』(1995)より
答え イギリス人

ヨーロッパの国々が富と栄誉を求めて新大陸を目指した17世紀初頭。それはアメリカ先住民にとって、征服者による侵略という苦難の歴史の始まりでした。この時代に生きたアメリカ先住民のポカホンタスは、アメリカの歴史の教科書にも載っている有名な人物です。ディズニーは、この実在のヒロインをとりあげ、感情豊かなラブストーリーを紡ぎました。

大地を崇めて生きる先住民のポカホンタスと、その大地を侵略しようとするイギリス探検隊の一員ジョン・スミス。立場や価値観の違いを超えた2人の愛は、両者の架け橋となりましたが、ポカホンタスは、彼との別れを選びます。

↑ポカホンタスが先住民の哲学を歌う「カラー・オブ・ザ・ウインド」はアカデミー賞歌曲賞を受賞。

第24問 『ムーラン』(1998)より
答え コオロギ

クリキーは、仲人との面接に行くムーランに、祖母が"幸運のお守り"として虫籠に入れて持たせたコオロギですが、虫籠からとびだしたクリキーのせいで、仲人を怒らせてしまいました。クリキーは責任を感じたのか、自ら"幸運のコオロギ"と名乗り、ムーシューと一緒に、老いた父に代わって戦場に赴くムーランにつきそいます。

実はクリキーは、ただのコオロギなのですが、最終的にムーランは国を救った英雄となったので、結果オーライということでしょうか。同じコオロギでは、『ピノキオ』(1940)のジミニー・クリケットが有名ですね。

↑しゃべりまくるムーシューに対して、クリキーは人間の言葉はしゃべりません。

62　DISNEY FAN CHALLENGE

第25問 『プリンセスと魔法のキス』(2009)より
答え ナヴィーン

　ジャズ発祥の地、ルイジアナ州ニューオーリンズを舞台に、ディズニー史上初のアフリカ系アメリカ人のプリンセスが誕生しました。レストランを開くという夢に向かって努力しているティアナが出会ったのは、架空の国マルドニアのナヴィーン王子です。物語の原案となったのはグリム童話の「かえるの王様」で、ブードゥーの魔術でカエルになってしまった2人は、人間に戻るため、やむを得ず行動を共にすることになります。
　そのほかの選択肢もプリンセスたちのお相手です。ユージーンは『塔の上のラプンツェル』のフリンの本名、ハンスは『アナと雪の女王』でアナをだます王子、フィリップは『眠れる森の美女』の王子の名前。

↑ティアナとナヴィーン王子は一緒にピンチを乗り越えながら惹かれあい、ハッピーエンドを迎えます。

第26問 『塔の上のラプンツェル』(2010)より
答え 18歳

　ラプンツェルは王女として生まれながら、傷を癒やし、人を若返らせることができる"魔法の髪"を持っているがゆえにゴーテルにさらわれて、高い塔の上で育てられました。ゴーテルは、外の世界は危険だから塔を出てはいけないといいましたが、ラプンツェルは、毎年自分の誕生日に遠くの空に浮かぶ無数の灯りを間近で見たいという夢を抱いていました。それは、行方不明のプリンセスの無事を祈って、王国の人々が飛ばすランタンの灯りでした。
　18歳の誕生日の前日、ラプンツェルはゴーテルの留守中に、追っ手をかわして塔に逃げこんできた泥棒のフリンを頼りに、生まれて初めて塔を出て、翌日灯りを見たのです。

↑18歳の誕生日に夢を叶えたラプンツェル。いつしかフリンとの間に愛が芽生えて……。

第27問 『メリダとおそろしの森』(2012)より
答え ②

　メリダは、ピクサー作品初めての女性主人公。物語の舞台は中世のスコットランド、ハイランド地方の森で、メリダが暮らすダンブロッホ城は、堅固でワイルドな石造りのお城です。
　問題に登場した、そのほかのお城は次の通り。①は『アナと雪の女王』のアレンデール城。ノルウェーの古城などからヒントを得た、木材を多用したお城です。③は『ウィッシュ』より、ロサス王国のマグニフィコ王のお城。④は『塔の上のラプンツェル』のお城。フランスのモン・サン・ミッシェル(サン・マロ湾の小島とその上に建つ修道院)がモデルともいわれます。

↑メリダは弓の名手。歌わない、恋をしないプリンセスです。

第28問 『モアナと伝説の海』(2016)より
答え カニ

　タマトアは、「ラロタイ」と呼ばれる海底にある魔物の国で暮らす巨大なカニのモンスターです。うぬぼれが強く、光り輝くものを集めるのが大好き。「シャイニー(shiny＝輝く)」という持ち歌も披露し、キラキラしたお宝で飾りたてた自分の姿を最高にカッコイイと思っています。
　マウイは過去の戦いでタマトアの足先をもぎ取ったことがあり、タマトアは、かつてマウイがなくした神の釣り針を自慢のコレクションに加えているという因縁の仲。モアナはマウイと一緒にラロタイに行き、マウイの釣り針を取り戻しました。

↑モアナをつまみあげるタマトア。甲羅のてっぺんにあるのが、マウイの釣り針です。

第29問 『ラーヤと龍の王国』(2021)より
答え 『ムーラン』

　古(いにしえ)の中国を舞台にした『ムーラン』のムーシューは、ファ家の守護龍。老いた父に代わって戦場に赴くムーランに同行します。そして東南アジアをイメージした『ラーヤと龍の王国』に登場するシスーは、泳ぎが得意な水の龍。色も大きさも異なりますが、共通するのは主人公を助ける良き龍だということ。古来東洋では、龍は神や霊獣として崇められてきたのです。
　一方、西洋では龍は「竜」や「ドラゴン」と呼ばれることが多く、『眠れる森の美女』でマレフィセントが変身したドラゴンに代表されるように、人間を害する邪悪な生き物として恐れられてきました。

↑態度はでかいが体は小さい。初対面のムーランは、ムーシューをトカゲだと思いました。

Answer

第30問　答え ④オーロラ姫

オーロラ姫は、誕生時にマレフィセントにかけられた呪いを避けるため、両親のもとを離れて森に身を隠し、3人の妖精に育てられました。呪いは実現されてしまいましたが、フィリップ王子のキスで眠りから目覚めて両親に再会します。

①ティアナは母と2人暮らしで、自分のレストランを開くという亡き父の夢を受け継ぎ、毎日一生懸命に働いています。②シンデレラの実の両親はすでに亡く、父の後妻の継母と連れ子の2人の姉に、毎日こき使われています。③ポカホンタスは母を亡くし、父のパウアタン首長と2人暮らし。

↑父のステファン王と母の女王は、美しく成長したオーロラ姫を喜んで迎えました。

第31問　答え ③白雪姫

フェアリー・ゴッドマザーの魔法でお城の舞踏会に行ったシンデレラは王子に見染められ、時の経つのも忘れて2人で踊り続けました。12時の鐘で慌てて帰るシンデレラがガラスの靴を落とす……有名なシーンですね。オーロラ姫は、森でフィリップ王子と出会って優雅にワルツを踊り、彼が親同士の決めた婚約者だとも知らずに恋に落ちました。

エリック王子のお城へ行き、彼の案内で王国見物に出かけたアリエルは、見るもの聞くもの興味津々。ダンスをしている人たちを見ると彼を誘って軽やかに踊りました（ほんの短いシーンです。お見逃しなく！）。そして、白雪姫がダンスを楽しんだお相手は、王子ではなく、こびとたちでした。

↑「これが恋かしら」のメロディーも美しく、シンデレラと王子は時間が経つのも忘れて踊り続けました。

第32問　答え ①『美女と野獣』

グリム童話は、19世紀前半に、ドイツの言語学者・文献学者のヤーコプとヴィルヘルムのグリム兄弟が民間伝承を収集し、まとめたものです。『白雪姫』はいうまでもなく、『プリンセスと魔法のキス』『塔の上のラプンツェル』も、それぞれ、グリム童話の「かえるの王様」と「ラプンツェル」が原案や原作になっています。
「美女と野獣」は古くから語り継がれてきた物語で、18世紀半ばにフランスのヴィルヌーヴ夫人とボーモン夫人によって書籍化されました。1946年、フランスの詩人で映画製作者のジャン・コクトーが監督した映画で世界的に知られるようになりました。

↑ディズニーの『美女と野獣』は、2017年にはエマ・ワトソン主演で実写化もされました。

チャレンジコース
Challenge Course

第33問　『白雪姫』(1937)より
答え マージ・チャンピオン

『白雪姫』は、ヤーコプとヴィルヘルムのグリム兄弟がまとめたグリム童話の1つが原作。この主人公、白雪姫のキャラクターを描くアニメーターたちは、現実的な動きをスクリーンで再現するために、人物に白雪姫を演じさせた実写映像を参考にしました。そのモデルになったのは、マージ・チャンピオン。ハリウッドで有名なバレエコーチをしていた父親のもとで、小さな頃からダンスを始めた彼女は、13か14歳の時にオーディションを受け、白雪姫のモデルとなりました。その後、マージ・チャンピオンは、『ピノキオ』に登場するブルー・フェアリーのモデルも務めています。

←白雪姫の動きのモデルになったマージ・チャンピオン。

第34問　『ファンタジア』(1940)より
答え モーツァルト

『ファンタジア』は、ミッキーが登場する「魔法使いの弟子」のことだと思っている方が多いと思いますが、実は、クラシック音楽を使った8つのシークエンスから成るオムニバス形式のアニメーションです。「魔法使いの弟子」は、そのうちの1つ。ポール・デュカスが作曲しました。残りの7つは、バッハ、チャイコフスキー、ストラヴィンスキー、ポンキエルリ、ベートーヴェン、ムソルグスキー、シューベルト作曲の音楽を使用しました。アニメーターたちは、音楽を聴いてイメージした映像を自由に描き出しました。"ファンタサウンド"という録音・再生のシステムが開発され、映画館でコンサートホールと同様の音響効果が生まれました。どの手法も、当時としては画期的なチャレンジでした。『ファンタジア』はウォルト・ディズニーの壮大な実験作として、映画史に残る作品となったのです。

↑ベートーヴェン「交響曲　第6番　田園」のシークエンス。

↑ムソルグスキー「禿山の一夜」のシークエンス。

第35問 『三人の騎士』(1945)より
答え ブラジル

『三人の騎士』の"3人"は、ドナルドと、友だちのホセ・キャリオカとパンチートを指します。ホセはブラジルのオウム、パンチートはメキシコのオンドリ。彼らがブラジルやメキシコを旅するお話が『三人の騎士』です。太平洋戦争が始まった1941年のこと。ウォルト・ディズニーとスタッフは政府から依頼をされ、南米親善旅行へ。記念撮影用の小型カメラに収められたこの旅行の映像とアニメーションが合成され、観光案内的な要素を含んだ『ラテン・アメリカの旅』(1943)と『三人の騎士』が完成しました。

↑左から、ホセ、ドナルド、パンチート。

第36問 『ミッキーのクリスマス・キャロル』(1983)より
答え くまのプーさん

19世紀の文豪チャールズ・ディケンズの名作「クリスマス・キャロル」を原作とするアニメーションです。ドナルドの伯父さんスクルージ・マクダックが、主役の金貸しエベニーザー・スクルージを務めています。ミッキーとミニーがスクルージに雇われているクラチット夫妻役、ドナルドがスクルージの甥フレッド役、グーフィーがスクルージの亡き相棒ジェイコブ・マーレイ役、ジミニー・クリケットと巨人のウィリー、ピートがクリスマスの3人の亡霊役……と、約25分の中編に次々に登場する出演者の豪華なこと！　くまのプーさんは登場していません。もし登場していたとしたら、クリスマスパーティーでごちそうを食べるシーンでしょうか。

↑名作を思わせるレトロなタイトル。

↑グーフィー扮するマーレイに震え上がるスクルージ。

第37問 『プーさんとイーヨーのいち日』(1983)より
答え 橋の上から川に小枝を投げ入れる

『くまのプーさん』の原作は、イギリスの作家A. A.ミルンが書いた「クマのプーさん」「プー横丁にたった家」(岩波少年文庫)という2作品です。ミルン一家が休暇などを過ごしたロンドン郊外のアッシュダウン・フォレストは、世界中からプーファンが訪れる、いわゆる聖地の森。小川でみんながやっているのが、「プー横丁にたった家」に登場する"プー棒投げ"という遊びなのです。橋の上から川に小枝を投げ入れて、反対側から出てくる速さを競います。1984年からは、テムズ川で世界プー棒投げ選手権も開催されているそうですよ。

↑「プーの小枝投げ」をしていると、流れてきたのは小枝ではなくイーヨーでした。

第38問 『コルドロン』(1985)より
答え ブタ飼い

原作は、アメリカの作家ロイド・アリグザンダーが書いた「プリデイン物語」(全5冊)シリーズ。ウェールズの神話と伝説から生まれた国プリデインが舞台となったファンタジーです。主人公は戦士に憧れる未熟な若者タラン。1作目の「タランと角の王」では、神託を下す豚ヘン・ウェンの"豚飼育補佐"という役割になっています。

ディズニーは、原作ではそれほど重要ではない悪役角の王(ホーンド・キング)を恐ろしい悪役に変え、魔法の大釜ブラック・コルドロンを探す旅の物語に仕立てました。ホーンド・キングは、東京ディズニーランドのアトラクション「シンデレラ城ミステリーツアー」(2006年クローズ)に登場していました。

↑魔法の大釜とホーンド・キング。

第39問 『美女と野獣』(1991)より
答え 20歳

作品の冒頭を思い出してください。わがままな王子は、1輪のバラと引き換えに一夜の宿を求めてお城を訪ねてきた醜い老婆をすげなく拒絶します。すると老婆は美しい魔女となり、冷たい心の罰として王子を恐ろしい野獣に変えて、お城に魔法をかけました。さらにナレーション(字幕)は、こう告げます。「魔女のバラは魔法により王子が21歳になるまで咲き続ける。最後の花びらが散るまでに愛し愛されることを王子が知れば呪いは解けるのだ」と。

物語が進むにつれてバラの花びらは落ち、野獣がガストンの凶刃に倒れたとき、最後の花びらが散りました――つまり、彼は21歳になったわけですから、ベルと出会ったときは20歳ということになります。

↑魔女のバラの花びらは、時とともに1枚、また1枚と散っていきます。

第40問　『ムーラン』(1998) より
答え　エディ・マーフィー

テンションの高いムーシューのマシンガントーク、その声の主は、俳優、歌手、コメディアンとして幅広く活躍しているエディ・マーフィーです。彼はじっくり台本を読みこみ、それぞれのシーンについて3～4パターンのアイデアを用意して、収録現場で次から次へとそれを試していったそうです。

ほかの選択肢の面々も重要なディズニーキャラクターを演じています。ロビン・ウィリアムズはアニメーション『アラジン』のジーニー。ウィル・スミスは実写版『アラジン』のジーニー（日本語版の声優は、ムーシュー、アニメ＆実写のジーニー、すべて山寺宏一）。そしてトム・ハンクスは『トイ・ストーリー』シリーズのウッディです（日本語版は唐沢寿明）。

↑ムーシューにはエディ・マーフィーの表情や動きが反映されています。

第41問　『リロ&スティッチ』(2002) より
答え　ルーベン

スティッチは、自称悪の天才科学者ジャンバ・ジュキーバ博士が作ったエイリアンです。遺伝子実験で600体以上の試作品を生み出しました。試作品たちは、続編やスピンオフ作品に、次々に登場します。ルーベンは、スティッチより1個体前に作られ、サンドイッチ作りが大好きな、食いしん坊の怠け者。彼がよく作るルーベンサンドとは、一般的にはコンビーフやザワークラウトを挟んだニューヨークの定番サンドのことです。

ほかの選択肢のエンジェルは試作品624号で、キュートなピンク色。スティッチは彼女が大好きです。コブラ・バブルスは元CIAのエージェント、ガントゥはサメのようなエイリアンで銀河連邦の元大尉。

↑625号のルーベン。

↑624号のエンジェル。

第42問　『トレジャー・プラネット』(2002) より
答え　「宝島」

ディズニーアニメーションとしては初めて、"宇宙を描く"ことに挑戦した作品です。『リトル・マーメイド』『アラジン』の監督ジョン・マスカーとロン・クレメンツが、ロバート・ルイス・スティーブンソンの小説「宝島」(1883)を原作に、Treasure Planet――"宝の惑星"の世界を作り出しました。名高い悪役ジョン・シルバーはサイボーグエイリアンとして描かれ、料理を作る精巧な右手はCG、生身の本体は手描きのアニメーションで表現されました。この複雑な作画を担当したのは、伝説のアニメーター、グレン・キーンでした。なお、「宝島」は、1950年にディズニー初の実写長編映画『宝島』としても公開され、大ヒットを記録しています。

↑主人公ジム・ホーキンス。

↑ジョン・シルバー。

第43問　『ボルト』(2008) より
答え　自分にスーパーパワーがある

ハリウッドのスター犬ボルトは、人気ドラマ「ボルト」の主人公。飼い主の少女ペニーを守り、目から光線を発し高速で駆け、吠えれば全てを破壊できる……そんなSFの世界を、ボルトは本当だと信じ込んでいるのです。人間の言葉は話せないまでも、理解力のある賢いホワイトシェパードなのですが。他に登場する動物は、猫とハムスターと鳩。旅の道連れとなるのは、猫のミトンズと、ボルトの大ファンでハムスターのライノです。

2008年に公開された小粒の作品ですが隠れた名作！　というのも、後に『塔の上のラプンツェル』を創るバイロン・ハワードと、『ベイマックス』を創るクリス・ウィリアムズの2人が監督を務めているのです。

↑ボルトとミトンズがニューヨークからハリウッドへ旅する、ロードムービーの要素も含まれています。

Chapter 3

第44問 『ティンカー・ベル』(2008)より
答え 妖精の粉の管理をする

ネバーランドのどこかにある妖精の谷ピクシー・ホロウには、ティンカー・ベルのようなたくさんの妖精たちが暮らしています。水を操る水の妖精や、光を操る光の妖精などさまざまな役割の妖精がいて、毎日せっせと働いているのです。

ティンクことティンカー・ベルは"もの作りの妖精"です。みんなの役に立つ道具を考えたり作ったり改造したりする才能があります。"飛ぶ源"となる、妖精の粉を管理するのは、テレンスのような"妖精の粉の番人"のお仕事。一日1人に1カップの妖精の粉を運びます。

← テレンスに妖精の粉をかけてもらう、水の妖精シルバーミスト。

第45問 『塔の上のラプンツェル』(2010)より
答え 21メートル

切っても伸びてくる髪の毛は、生命力やエネルギーの象徴といわれています。傷を癒やし、人を若返らせるラプンツェルの髪は、切ると魔法の力を失ってしまいますが、生まれてから伸ばし続けているという豊かな黄金の髪の毛は物語の重要アイテムであると同時に、彼女が持つ生きる力や可能性そのものです。

長さ約21メートルにも及ぶ、ナチュラルで美しい髪を描くにあたり、テクニカルチームはダイナミック・ワイヤーというソフトウェアを開発してシミュレーションを繰り返しました。その数、なんと、約14万本！（人によって差がありますが、人間の平均は約10万本ほどだそうです）

↑21メートルの髪をロープ代わりにして、初めて塔を出たラプンツェル。

第46問 『シュガー・ラッシュ』(2012)より
答え 『アナと雪の女王』

物語の舞台はゲームの中の世界。「ヒーローになりたい！」という一心で、自分のゲームを飛び出してしまった悪役のラルフは、お菓子に溢れた別のゲームの世界へ迷い込みます。この「シュガー・ラッシュ」は、お菓子の国のレース・ゲーム。卵形のチョコレートの山が並ぶ風景に、びっくりするラルフでしたが……？『アナと雪の女王』で、アナが、大好物のチョコレートをつまむシーンを見てみましょう。丸くてカラフルな、このチョコの山が登場しています。

↑アナが「チョコ食べちゃう」シーン。チョコの山に注目！

第47問 『ベイマックス』(2014)より
答え 毒味をする

ベイマックスは、科学の天才少年ヒロの亡き兄タダシが作ったケア・ロボットです。人の体をスキャンして痛みの原因を探し、アレルギーを調べたり薬を塗ったりします。白くてふわふわのボディはビニール製。ボディの中の骨組み以外は空洞なので、物は食べません。骨組みはカーボンで、タダシの自作のようです。ヒロが自作したロケットエンジンの装備をつけて空を飛ぶシーンは圧巻！空から見えるサンフランソウキョウの街は、アメリカのサンフランシスコと東京がミックスされた都市で、日本を思わせるものがいくつも……。

監督のドン・ホールとクリス・ウィリアムズは日本ヘリサーチ旅行に出かけ、日本文化に深い感銘を受けました。また、心の奥底に響くストーリーという意味では、『ベイマックス』は、スタジオジブリのアニメーション"となりのトトロ"を参考にしているとか。

↑「痛みを段階で表すとどのぐらいですか？」とベイマックス。ボディに図が浮かび上がります。

第48問 『モアナと伝説の海』(2016)より
答え 『美女と野獣』

ジョン・マスカーとロン・クレメンツは、今から40年近く前、1986年公開の『オリビアちゃんの大冒険』で共同監督デビュー。『リトル・マーメイド』(1989)と『アラジン』(1992)で大ヒットを放ち、それ以降も『ヘラクレス』(1997)、『トレジャー・プラネット』(2002)、『プリンセスと魔法のキス』(2009)、『モアナと伝説の海』(2016)と、数々の作品を世に送り出してきた名コンビです。『プリンセスと魔法のキス』は、CGアニメーションが主流になっていた当時、ディズニー伝統の手描きアニメーションを蘇らせたことで話題になりました。『モアナと伝説の海』は彼らが初めて手がけたCGアニメーションです。

↑『モアナと伝説の海』製作の際、監督たちは、作品の舞台になったオセアニアの文化に深く魅せられたといいます。

67

第49問 『アナと雪の女王2』(2019)より
答え ①水の精霊ノック

　エルサが、荒海ダーク・シーを進もうとしたときに現れたのは、馬の形をした水の精霊ノックでした。荒ぶるノックを制してその背にまたがり、エルサは秘密が隠された氷河アートハランへ渡ります。エルサが第5の精霊として、人間と精霊たちの架け橋となった後、ノックは呼ぶと現れて、エルサを遠乗りへ連れて行ってくれます。

　『アナと雪の女王』シリーズは、北欧の架空の国アレンデールが舞台。映画製作には北欧の様々な要素が取り入れられました。ノックは、スカンジナビアに伝わる神話をベースにしたキャラクターです。

↑ノックに運んでもらったエルサは一礼します。精霊への礼儀が感じられます。

第50問 ディズニー100周年記念作品『ウィッシュ』(2023)より
答え ミッキーマウス

　2023年、ウォルト・ディズニー・カンパニーは、元となる会社が1923年に設立されてから100周年を迎えました。『ウィッシュ』は、100周年を記念して製作されたミュージカル・アニメーションです。主人公は"願いが叶う国"ロサス王国で暮らす少女アーシャ。国民の願いを叶えると言いながら独裁を行う王マグニフィコを阻止し、みんなの願いを取り戻したいというまっすぐな想いが夜空に届き、魔法の力をもつ願い星スターが舞い降ります。

　スターは、最初は人間の姿だったこともあったとか。でも、「正直、誠実、単純」というコンセプトを表現する形として、ストーリーアーティストのダン・エイブラハムが描いたシンプルな星の形になりました。アーティストたちはまた、初期のミッキーの短編を見返して「くるくる変わる豊かな表情」をスターに当てはめました。

↑マルを組み合わせたフォルム、豊かな表情はまさにミッキー！

第51問 『トイ・ストーリー』(1995)より
答え テスト用のアニメーションの脚本を考えていた時

　『トイ・ストーリー』の脚本と原案を手掛けたアンドリュー・スタントンによると、「無限の彼方へ、さあ行くぞ！」というセリフが生まれたのは、一緒に原案を担当するピート・ドクターと、アニメーション・テストという、コンセプトを検証するための20秒ほどの動画用の脚本を書いていた頃のこと。登場するスペース・レンジャーに何かひとこと言わせたいと考えた2人が思いついたのが、"To infinity and beyond！（無限の彼方へ、さあ行くぞ！）"でした。響きが良いのに、無限の先には何もないので、実のところ意味を為していないのが、バズというキャラクターにふさわしいように思えたのだそうです。

↑バズのお馴染みのセリフは、『バズ・ライトイヤー』(2022)にも登場。

第52問 『バグズ・ライフ』(1998)より
答え サーカス団

　食料を奪いにくるバッタたちへの対抗手段として、働きアリのフリックは助っ人を探しに虫たちが集まる都会へ。そこで出会ったのが、ノミのP.T.フリーが率いるサーカス団でした。個性的で芸達者な彼らを、フリックは勇者と勘違いしてしまいます。

　作品が公開されたのは30年近く前の1998年。技術的にはまだまだ拙い当初、ピクサーのスタッフは"バグ・カム"という極小カメラを開発し、虫のように草むらを飛び回らせた映像を参考に、CGアニメーションを紡ぎ出しました。

↑ピクサー作品らしく、それぞれの個性が際立っている虫のサーカス団。

第53問 『カーズ』(2006)より
答え ポール・ニューマン

ライトニング・マックィーンの師となる引退したレーサー、ドック・ハドソン役を、アカデミー賞俳優のポール・ニューマン(1925-2008)が演じています。『カーズ』は、車マニアのジョン・ラセターが監督と脚本を手がけ、自ら「最も個人的な映画」と語るほど、徹底的にこだわりぬいた作品です。金属の車体に風景や光を忠実に反射させるCG技術を編み出し、ポルシェ(サリー)やフォルクスワーゲン(フィルモア)、フィアット(ルイジ)、ハドソン・ホーネット(ドック)など実際の車種をキャラクターに使用しました。レーサーとしても知られるポール・ニューマンを声優に起用したのもこだわりのひとつ。ミハエル・シューマッハやリチャード・ペティなど、実存のレーサーたちもカメオ出演しています。

←リチャード・ペティが声を担当したレーシングカー、キング。

第54問 『レミーのおいしいレストラン』(2007)より
答え ラタトゥーユ

作品の原題は「Ratatouille」。フランスプロヴァンス地方の煮込み料理、ラタトゥーユ(ラタトゥイユともいう)と、主人公であるネズミ(rat)にちなんだタイトルです。最後に、レミーが勝利を勝ち取った料理はラタトゥーユでしたから、レストランの名前もそうなったのでしょう。映画には、芸術的ともいえる美しい料理が次々に登場します。フランス料理をリサーチするため、製作スタッフはフランスに出向き、一流レストランで食べまくったとか。「こんなラッキーなビジネストリップはなかった」と、監督のブラッド・バードは語っています。

↑レミーが開いた小さなレストランの看板。背景にはエッフェル塔が見えます。

第55問 『トイ・ストーリー3』(2010)より
答え エイリアン

大学生になるアンディは少女ボニーにおもちゃたちを譲り、物語は大団円となりました。ボニーのおもちゃミスター・プリックルパンツは、スイスやドイツ地方伝統のサスペンダーつきパンツをはいた、ハリネズミのぬいぐるみ。ボニーのごっこ遊びで"なりきる演技"にかけては誰よりもこだわりが強く、新しい仲間のエイリアンにジュリエットの演技を教えたようです。

彼は『トイ・ストーリー』のスピンオフシリーズ『フォーキーのコレって何?』の一編「芸術って何?」(2019)では、フォーキーにも演技指導をしています。

↑エイリアンが演じるジュリエット。窓の下にはミスター・プリックルパンツのロミオが。

第56問 『アーロと少年』(2015)より
答え アパトサウルス

アパトサウルスは、首長で大型の草食恐竜。日本ではブロントサウルスとも呼ばれていました(諸説あり)。物語は「数千万年前、もし隕石が地球に衝突しなかったら?」という前書きで始まります。隕石によって絶滅しなかった恐竜たちが進化して言葉を持ち、人間のような哺乳類は言葉を持たない"動物"となりました。

作品でのアパトサウルス一家は農業を営み、Tレックス(ティラノサウルス)一家はカウボーイ。実写と見まごうばかりの雄大な大自然を、反目しあう恐竜アーロと人間の少年スポットが旅をする……ピクサー版西部劇ともいえる、ロードムービーとなっています。

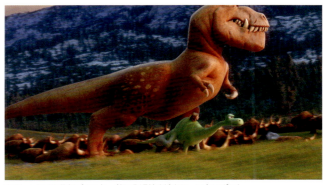
↑Tレックスの父親ブッチと一緒に牛泥棒を追うアーロとスポット。

第57問 『リメンバー・ミー』(2017)より
答え 音楽家が共通

『アナと雪の女王』(2013)はディズニー作品、『リメンバー・ミー』はピクサー作品。ディズニーとピクサーで音楽家が共通していることは非常に稀です。大ヒットしたミュージカル・アニメーション『アナと雪の女王』の歌曲を作ったのは、クリステン・アンダーソン=ロペスとロバート・ロペス夫妻。「レット・イット・ゴー〜ありのままで〜」でアカデミー賞歌曲賞を受賞している夫妻が、「リメンバー・ミー」で2回目のアカデミー賞歌曲賞を受賞しました。

ちなみに、『リメンバー・ミー』で、「リメンバー・ミー」以外の音楽を担当しているのは、ピクサー作品の常連マイケル・ジアッキーノ。2004年の『Mr.インクレディブル』以来、ピクサーの9作品で音楽を手がけています。

↑エルサが歌う「レット・イット・ゴー〜ありのままで〜」は社会現象になりました。

Answer

第58問 『インクレディブル・ファミリー』(2018)より
答え 料理をする

パー家の次男ジャック・ジャック・パーは、一見ごく普通のかわいらしい赤ちゃんです。ところが、無邪気な笑顔のまま繰り出す能力は恐ろしいものばかり！ 任務についたママのヘレンの代わりに家事と育児を担当することになったボブは、ジャック・ジャックの行動に疲れ果てます。いっそスーパーパワーで料理でもやってくれれば助かるのですが!?

テレポーテーション、空中浮遊、目から光線、分身……ジャック・ジャックのパワーは計り知れません。スピンオフの短編『ジャック・ジャックとエドナおばたん』(2018)でも、そんな赤ちゃんを預かったデザイナーのエドナ・モードの一晩が描かれています。

↑好奇心旺盛なエドナは、ジャック・ジャックのスーパーパワーに興味津々！

第60問 『私ときどきレッサーパンダ』(2022)より
答え 『Bao(バオ)』

監督のドミー・シーは、中国系カナダ人。2018年の短編『Bao(バオ)』で監督デビューを果たし、アカデミー賞短編アニメ賞を受賞しました。ドミー監督は幼い頃から両親と仲がよく、母親が作る家庭料理のレシピを作品に詰め込んだそうです。

ピクサーの短編は若手アーティストが手法を試す場として知られています。監督は、後に長編アニメーションの監督に"出世"することが多いのです。『月と少年』(2011)は『あの夏のルカ』(2021)のエンリコ・カサローザ監督、『晴れ ときどき くもり』(2009)は『アーロと少年』(2015)のピーター・ソーン監督、『ティン・トイ』(1988)は、ジョン・ラセター監督で、『トイ・ストーリー』の原点となった作品です。

←『Bao(バオ)』。お母さんが作った中華まんが生き物に!? 大人になった息子の代わりに可愛がりますが……？

第59問 『ソウルフル・ワールド』(2020)より
答え 魂の数を数える勘定係

主人公のジョーが迷い込んだソウル(魂)の世界には線で描かれたような生き物たち(!?)がいます。テリーは、そのなかでも魂の数を数える勘定係。毎日、天界へ行く15万1000の魂を数え、話しているジェリーの瞬きの数を数え、そろばんのようなものを使って、あらゆるものを数えているのです。『ソウルフル・ワールド』にはヴィランは登場しませんが、天界へ行く道から逃げ出したジョーにとって、「魂が1つ足りない」とつぶやき続けるテリーはちょっと怖い存在です。

作品のエンドロールが終了した、最後の最後をお見逃しなく。几帳面なテリーの、観客へのメッセージを聞くことができます。

第61問 『インサイド・ヘッド2』(2024)より
答え ④ウザイ

彼女の名前は「ウザイ」ではなく「ダリィ」です（英語ではEnnui＝退屈）。いつも退屈していて無気力、片時もスマホを手放しません。「大人の感情」たちのリーダー的存在は「シンパイ」(Anxiety＝心配)。常に最悪の将来を想像してアタフタと必要以上に準備をしてしまいます。「ハズカシ」(Embarrassment＝恥ずかしさ)は、大きな体でいつもモジモジ。恥ずかしさがMAXになると、服で顔を隠しちゃいます。「イイナー」(Envy＝羨望)は、小さな体と大きな目で、いつも周りの誰かを羨んでいます。

思春期まったただなかのライリーは、そんな大人の感情たちに振りまわされながら成長していきます。

↑左から、ハズカシ、シンパイ、イイナー、ダリィ。

DISNEY FAN CHALLENGE

Chapter 4

ディズニーファン・チャレンジ

〜ディズニーの雑学と歴史編〜

Quiz & Answer

あなたはチャレンジしてみた？
ディズニーのさまざまなジャンルから出題された
「ディズニーファン・チャレンジ」の問題を全掲載。
チェックボックス（■）を活用してトライしてね！
答えと解説は75ページから。

ディズニーの雑学と歴史

ディズニーの雑学と歴史マーク凡例

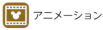 アニメーション
 ディズニーストア
ライトコース
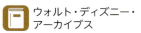 ウォルト・ディズニー・アーカイブス
 歴史
ディズニープリンセスコース
チャレンジコース

第1問
2024年春にディズニーストアの新店舗が群馬県イオンモール太田にオープン。店内では、ネズミのガスとジャックもゲストをお出迎え。彼らが登場する映画はなんでしょうか？

- ☐ 『美女と野獣』
- ☐ 『眠れる森の美女』
- ☐ 『シンデレラ』
- ☐ 『白雪姫』

第2問
世界で最初のディズニー・テーマパーク、ディズニーランド・パークがあるのは、アメリカの何州？

- ☐ カリフォルニア州
- ☐ フロリダ州
- ☐ ニューヨーク州
- ☐ ミズーリ州

第3問
ミッキーマウスを作った時、ある映画スターのようなキャラクターにしたいと考えたウォルト・ディズニー。その映画スターとは誰？

- ☐ ジュリー・アンドリュース
- ☐ バスター・キートン
- ☐ シャーリー・テンプル
- ☐ チャーリー・チャップリン

第4問
2024年夏、ディズニーストアでは、ディズニー映画『リトル・マーメイド』公開35周年を記念したスペシャルアートのグッズが登場。そこに描かれたヴィランの名前はなんでしょうか？
※商品の販売は終了しています。

- ☐ マレフィセント
- ☐ アースラ
- ☐ スカー
- ☐ ジャファー

第5問
シンデレラ城がシンボルになっているのは、次のどのパークかしら？

- ☐ 香港の香港ディズニーランド
- ☐ 上海の上海ディズニーランド
- ☐ フロリダのマジックキングダム・パーク
- ☐ パリのディズニーランド・パーク

72　DISNEY FAN CHALLENGE

第6問

2024年、フロリダ ウォルト・ディズニー・ワールド・リゾートのマジックキングダム・パークにオープンした、このアトラクションの名前はなにかしら？

- ☐「ラプンツェルのバイユー・アドベンチャー」
- ☐「モアナのバイユー・アドベンチャー」
- ☐「ティアナのバイユー・アドベンチャー」
- ☐「アリエルのバイユー・アドベンチャー」

第7問

ディズニー公式オンラインストア「ディズニーストア.jp」は、2024年夏にアニバーサリーを迎えました。何周年だったでしょうか？

- ☐ 1周年
- ☐ 3周年
- ☐ 5周年
- ☐ 10周年

第8問

フロリダ ウォルト・ディズニー・ワールド・リゾートで有名なオレンジバードは、なんのためにディズニーが作ったキャラクター？

- ☐ パークのCMのため
- ☐ アトラクションに登場させるため
- ☐ ゲストにプレゼントするため
- ☐ スポンサーのマスコットにするため

第9問

カリフォルニアのディズニーランド・パークのアトラクション「ディズニーランド鉄道」を走る、この特別な車両の名前は？

- ☐ リリー・ベル
- ☐ ケイシー・ジュニア
- ☐ ウォード・キンボール
- ☐ キャロルウッド・パシフィック

第10問

「ミッキーマウス！」より

2013年にスタートしたテレビ番組「ミッキーマウス！」の舞台となったのは？

- ☐ エンチャンシア
- ☐ アトランティス
- ☐ 世界各国
- ☐ アンフィビア

第11問

「ちいさなプリンセス ソフィア」シリーズより

ソフィアがプリンセスになったのはなぜ？

- ☐ 魔法で王女になったから
- ☐ 国王に引き取られたから
- ☐ 母親が国王に見染められたから
- ☐ もともと王家の血筋だったから

答えと解説はP.75〜

第12問
ウォルト・ディズニーの生誕年は？

- ☐ 1888年
- ☐ 1901年
- ☐ 1904年
- ☐ 1907年

第13問
貧しい少年期を過ごしたウォルト・ディズニーは、さまざまな仕事をしました。彼がやらなかった仕事は？

- ☐ 靴磨き
- ☐ 新聞配達
- ☐ 鉄道の車内販売
- ☐ 郵便物の集配

第14問
若きウォルト・ディズニーが最初に独自にアニメーションを作りはじめた場所は自宅のどこ？

- ☐ 屋根裏部屋
- ☐ 納屋
- ☐ ガレージ
- ☐ 倉庫

第15問
現在のディズニー社が1923年に創立されたときの社名は？

- ☐ ラフォグラム・フィルム社
- ☐ WEDエンタープライズ
- ☐ ウォルト・ディズニー・プロダクションズ
- ☐ ディズニー・ブラザーズ・カートゥーン・スタジオ

第16問
ミッキーマウスの初代声優はウォルト・ディズニー。2代目の声優もディズニー・スタジオのスタッフでした。その担当業務は？

- ☐ 音響効果
- ☐ アニメーター
- ☐ 警備
- ☐ 経理

第17問
ウォルト・ディズニーがカリフォルニアのディズニーランドを作っていたときに製作していた作品は？

- ☐ 『眠れる森の美女』
- ☐ 『ふしぎの国のアリス』
- ☐ 『ピーター・パン』
- ☐ 『わんわん物語』

第18問
ウォルト・ディズニーの最高傑作と言われる『メリー・ポピンズ』(1964)のなかで、ウォルトがこよなく愛した楽曲は？

- ☐ チム・チム・チェリー
- ☐ 2ペンスを鳩に
- ☐ お砂糖ひとさじで
- ☐ スーパーカリフラジリスティックエクスピアリドーシャス

ディズニーの雑学と歴史

『 』はディズニー映画またはディズニー＆ピクサー映画のタイトルです。

第1問　答え『シンデレラ』

　愛嬌満点の2匹のネズミは、シンデレラの友だち。シンデレラが舞踏会に出席できるように、小鳥たちと協力して古いドレスを仕立て直したり、妖精のフェアリー・ゴッドマザーの魔法で白馬に変身したりとシンデレラのために活躍します。写真上側のスリムなネズミがジャック。下側のふくよかなネズミがガス。いつも一緒に壁の隙間から店内をソッとのぞいている様子がかわいらしく、シンデレラと同じ気分が味わえそうです。

←シンデレラのドレスを仕立て直すお手伝いをする、ガス（左）とジャック。

第2問　答え カリフォルニア州

　1955年7月17日、カリフォルニア州アナハイムにディズニーランドがオープンしました。かつて、ウォルトが遊園地でメリーゴーラウンドに乗る幼い娘たちを眺めながら、大人も子どもも楽しめるパークを作りたいと思いついたことが、ディズニーランド計画の始まりでした。ウォルトは、最初、バーバンクにあるディズニー・スタジオの隣にパークを作りたいと考えましたが、次第に構想が膨らみ、アナハイムが建設地の候補に。当時、そこにはオレンジ農園が広がっていましたが、17人の持ち主が所有する、合計160エーカー（約64万7500㎡）の土地を購入して、ディズニーランドが建設されました。

↑ディズニーランドの説明をするウォルト・ディズニー。

第3問　答え チャーリー・チャップリン

　ミッキーマウスというキャラクターを作り出すにあたり、ウォルト・ディズニーは、まずミッキーの性格を決めたうえで、どんな動物にすべきかを検討しました。ウォルトは、「世の中の人々、とりわけ子どもは、かわいくて小さい動物を好むもの」と感じていたことからネズミを選んだそうです。そして、「人の心に訴えるキャラクターを作りたいと思っていたので、チャーリー・チャップリンのような哀愁を感じさせる、ちっぽけなネズミを描くことにしました。常に全力を尽くそうとする、小さながんばりやさんです」とも語っています。

←デビュー作『蒸気船ウィリー』で陽気に音楽を奏でるミッキー。

第4問　答え アースラ

　アースラは海の魔女。まるでタコのようなクネクネとした足が特徴で、手下は2匹のウツボ、フロットサムとジェットサム。昔、海の王国から自分を追い出したアリエルの父、トリトン王を恨んでおり、その復讐のためにもトリトン王に代わって海の支配者になろうと企てています。グッズでは、そんなヴィランのアースラと手下のウツボたちがアリエルほか『リトル・マーメイド』の大勢の登場キャラクターと一緒にデザインされることは珍しく、映画公開35周年記念ならではの豪華さでした。

※商品の販売は終了しています。

Answer

第5問 答え フロリダのマジックキングダム・パーク

東京ディズニーランドと同様にシンデレラ城がパークのシンボルになっているのは、フロリダのウォルト・ディズニー・ワールド・リゾートにあるマジックキングダム・パーク。シンデレラ城の中には、王室のバンケットホールがテーマのレストラン「シンデレラ・ロイヤルテーブル」があります。ちなみに、パリのディズニーランド・パークは眠れる森の美女の城、香港ディズニーランド・パークはキャッスル・オブ・マジカル・ドリーム、上海ディズニーランドはエンチャンテッド・ストーリーブック・キャッスルが、それぞれパークのシンボルになっています。

◀シンデレラ城の中にある「シンデレラ・ロイヤルテーブル」。

第6問 答え 「ティアナのバイユー・アドベンチャー」

2024年6月、マジックキングダム・パークに、新アトラクション「ティアナのバイユー・アドベンチャー」がオープンしました。アトラクションでは、映画『プリンセスと魔法のキス』で念願のレストラン「ティアナズ・パレス」をオープンさせたティアナの、その後の物語が展開。ゲストは丸太ボートに乗って、ティアナとナヴィーン王子、ワニのルイスと一緒に、ニューオーリンズのお祭り「マルディグラ」の準備のため、バイユー（入り江）を巡る冒険の旅に出発します。クライマックスでは、丸太ボートが滝壺へ落下。さらに、音楽にあふれたフィナーレが待っています。

▲ティアナたちが陽気に歌う華やかなフィナーレ。

第7問 答え 1周年

ディズニー公式オンラインストアでは、ディズニーストアオリジナル商品のほか、さまざまなディズニーキャラクターの人気グッズや新作グッズをラインナップ。2023年夏に「ディズニーストア.jp」に名称を変更し、2024年夏に1周年を迎えました。ゲストのみなさまとお祝いするため、7月1日から1周年記念フェスティバルを開催。謎解きキャンペーンやプレゼントキャンペーン、特別なコレクションの登場など、さまざまなお楽しみで盛り上がりました。

第8問 答え スポンサーのマスコットにするため

1971年10月、アメリカのフロリダ州にウォルト・ディズニー・ワールドがオープンしました。その最初のパーク、マジックキングダムのアトラクション「トロピカル・セレナーデ」のスポンサー、フロリダ・シトラス・グロワーズ（フロリダの柑橘類の生産者団体）のためにディズニーが作ったキャラクターがオレンジバードです。フロリダのおいしい柑橘類をPRするためのマスコットキャラクターで、アトラクションの隣にある「サンシャイン・ツリー・テラス」というカウンターサービスのレストランに、小さなオレンジバードが飾られていました。

◀現在も「サンシャイン・ツリー・テラス」の看板にオレンジバードが。

第9問 答え リリー・ベル

「ディズニーランド鉄道」は、ディズニーランド・パークの周囲を列車で巡る、オープン当時からあるアトラクションです。パークのオープンから何年も経った頃、経営陣はVIP専用の豪華な客車が必要だという決断を下し、1974年、展望車のグランド・キャニオン号が特等客車に改装されることになりました。気品ある内装に生まれ変わった特別な客車は、ウォルト・ディズニーの妻でディズニー・レジェンドのリリアン・ディズニーにちなんで、リリー・ベルと呼ばれるように。車内には、ディズニー家のアルバムにあった家族写真などが飾られています。

◀リリー・ベル号に飾られたウォルトとリリアン夫妻の写真。

第10問
「ミッキーマウス！」より
答え 世界各国

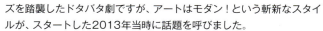

「ミッキーマウス！」は、ディズニー・チャンネルで放送された短編アニメーションのシリーズです。1920～'30年代の最初のミッキーシリーズを踏襲したドタバタ劇ですが、アートはモダン！という斬新なスタイルが、スタートした2013年当時に話題を呼びました。

エンチャンシアは「ちいさなプリンセス ソフィア」の舞台となった国。アトランティスは『アトランティス／失われた帝国』(2001)に登場する伝説の国。アンフィビアは、テレビシリーズ「ふしぎの国 アンフィビア」の舞台となる、カエルたちが人間のように暮らす国です。

第11問
「ちいさなプリンセス ソフィア」シリーズより
答え 母親が国王に見染められたから

ソフィアは、エンチャンシア王国の平凡な靴屋の娘。ところが、母のミランダが国王のローランド2世に見染められて再婚したのです！ ソフィアは突然プリンセスになっちゃいました。大きなお城に引っ越し、魔法や作法を学び、立派なプリンセスを目指して色々なことに挑戦していく物語です。

アメリカのテレビで2012年（日本では2013年）に最初のエピソードが放送され、約6年間、4シーズンが放送されました。2024年のディズニーファンの祭典「D23」で発表されたのは、まさかの続編決定！ 2026年から、「ちいさなプリンセス ソフィア：ロイヤル・マジック」がスタートする予定です。

第12問
答え 1901年

1901年12月5日、この日は日曜日。ウォルト・ディズニーは、イリノイ州の大都会シカゴで、貧しい建築業者のイライアス・ディズニーと妻のフローラの四男として生まれました。正式名は、ウォルター・イライアス・ディズニー。父の名をミドルネームに、信心深いイライアスが懇意にしていた牧師のウォルター・パーのファーストネームをもらって名づけられました。

彼が通称名として「ウォルト・ディズニー」と名乗るようになったのは、1919年、カンザスシティの広告会社で働きはじめた18歳の頃でした。

←シカゴのウォルトの生家。現在は補修され、歴史的建造物として保存されています。

第13問
答え 靴磨き

ウォルト・ディズニーの最初の仕事は1910年、8歳のとき。ミズーリ州カンザスシティで新聞販売業を始めた父を手伝い、新聞配達をしたのです。この仕事は6年間続きましたが、休んだのは病気の4週間だけでした。とはいえ、毎朝3時半に起きての配達は、とても辛い仕事で、大人になってからも新聞を配達し忘れて真っ青になる夢を見たといいます。

また、高校入学前の15歳の夏には、幼い頃から好きだった鉄道の仕事に応募して、車内で果物やポップコーンなどを売る販売員として働きました。その後シカゴの高校に進学。翌年の夏休みには、郵便局で集配のアルバイトもしています。

←1913年、新聞配達をしていた頃のウォルトと、2歳下の妹のルース。

第14問
答え ガレージ

1919年、18歳になったウォルト・ディズニーは、カンザスシティで、のちに一緒にミッキーマウスを生み出すことになる親友、アブ・アイワークスと出会います。翌年、アブとともに、映画館で上映する広告フィルムを制作する会社で働きはじめたウォルトは、そこで、生涯の仕事となる"動く漫画（アニメーション）"を知ったのです。

アニメーションに夢中になったウォルトは、会社のコマ撮り用カメラを借りて、当時住んでいた家のガレージに持ちこみました。そして、ガレージをスタジオ代わりにして、夜な夜な研究と試作に励んだのでした。

←アブ・アイワークスは初期のミッキー作品を一手に担い、"ミッキーマウスの真の生みの親"ともいわれます。

Answer

第15問　答え ディズニー・ブラザーズ・カートゥーン・スタジオ

カンザスシティでアニメーションを作りはじめたウォルト・ディズニーは、仲間を集めて「ラフォグラム・フィルム社」という会社を起こしましたが、資金繰りに失敗して会社は倒産。1923年、ウォルトはこの苦い失敗をバネに映画の都ハリウッドに向かい、兄のロイと一緒に会社を設立して再出発したのです。その名も「ディズニー・ブラザーズ・カートゥーン・スタジオ」といいました。

「WEDエンタープライズ」は、ウォルトがディズニーランド建設のために作った私的な会社。「ウォルト・ディズニー・プロダクションズ」は、1986年に現在の「ウォルト・ディズニー・カンパニー」に変更される前の社名です。

↑兄のロイ(左)は、生涯にわたってビジネスパートナーとしてウォルトを支えました。

第16問　答え 音響効果

スタジオの拡大とともに年々多忙になっていったウォルト・ディズニーに代わり、1947年の『ファン・アンド・ファンシー・フリー』の「ミッキーと豆の木」から、ジム・マクドナルドがミッキーマウスの2代目声優となりました。

ジム・マクドナルドは、1934年にディズニーに入社して以来、数々のディズニー映画の音響効果を手がけ、"音響効果の魔術師"といわれた人です。約30年にわたりミッキーの声を務め、音響効果部門の後輩のウェイン・オルウィンにコツを伝授して3代目を委ね、1977年に引退しました。現在は4代目のブレット・イワンがミッキーの声優を務めています。

←ジム・マクドナルドは、『シンデレラ』(1950)に登場するネズミのジャックとガスの声も担当しました。

第17問　答え 『眠れる森の美女』

カリフォルニアのディズニーランドがオープンしたのは1955年。ウォルト・ディズニーは、パークのシンボルとなるキャッスルに、当時製作中だったこの作品から「眠れる森の美女の城」と名づけました。

『眠れる森の美女』は、アニメーションとして世界初の70ミリフィルムを採用。6年の歳月と600万ドルという巨費を投じた大作ですが、1959年の公開当初は評判も興行収入も芳しくありませんでした。ウォルトがディズニーランド建設にかかりきりで、従来のように十分な時間を割いて製作指揮をしなかったせいだと批判されたのです。しかし、1970年以降の再公開で人気が高まり、今日では名作として知られているのはご存じの通りです。

←「眠れる森の美女の城」。2025年、ディズニーランド・パークは70周年を迎えます。

第18問　答え 2ペンスを鳩に

『メリー・ポピンズ』はアカデミー賞13部門にノミネートされ、1965年4月に開催された授賞式で、主演女優賞、歌曲賞など5部門、6個のオスカーを獲得しました。優れたミュージカル映画としても知られる本作の音楽を担当したのは、ウォルトのお抱えソングライターともいわれたロバートとリチャードのシャーマン兄弟。全部で32曲を作曲し、14曲が採用されました。

なかでもウォルトが愛したのが、セント・ポール寺院で鳩の餌を売る老女のことを歌った「2ペンスを鳩に」でした。金曜日の夕方になるとシャーマン兄弟を自分のオフィスに呼んで、この歌を歌ってもらうことが何度となくあったそうです。

←仕事中のシャーマン兄弟。兄のロバート(手前)と弟のリチャード。

Chapter 5

ディズニー100年の歴史

History

ディズニーの世界の始まりは、
ウォルト・ディズニーという天才クリエーターからです。
ハリウッドの映画人になることを夢見て、兄のロイと一緒に
会社を創立したのは、1923年10月16日のことでした。
ディズニーの、およそ100年の歴史を振り返ります。

History

ウォルト・ディズニーとミッキーの誕生

ウォルト・ディズニー生誕からスタジオの設立、ミッキーがデビューして次々にヒットを飛ばした短編アニメーション台頭の時代。短編の製作は、次の時代の長編へとつながります。

12/5 ウォルト・ディズニー生誕
ウォルター・イライアス・ディズニー、イリノイ州シカゴに生まれる。

10/16 ディズニー・ブラザーズ・カートゥーン・スタジオ設立
ハリウッドで、ディズニー・ブラザーズ・カートゥーン・スタジオ（後のウォルト・ディズニー・カンパニー）が、ウォルト・ディズニーと兄のロイ・オリヴァー・ディズニーによって設立される。

● 「アリス・コメディー」シリーズ

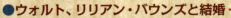

1901 ≫ ≫≫≫ ≫ 1923
1924
1925
1926 ≫ 1927 ≫ 1928 ≫≫≫≫

↑実写の少女と動物などのアニメーションを合成した短編映画「アリス・コメディー」シリーズがスタート。第1作は『アリスの海の一日』。全部で56作が製作された。

● ウォルト、リリアン・バウンズと結婚
リリアンはディズニー社で働いていた女性で、ウォルトの秘書とアニメーションの彩色の仕事をしていた。

● スタジオ移転
←ロサンゼルスのハイペリオン通りにスタジオを移転し、ウォルト・ディズニー・スタジオと名付ける（写真は1930年代前半）。

11/18 ミッキーとミニー、デビュー

↓ミッキーマウスとミニーマウスが、世界初のトーキー短編アニメーション『蒸気船ウィリー』でデビュー。「わらの中の七面鳥」のメロディーにぴったり合った映像が大評判に！次々にシリーズ作品が製作される。

9/5 しあわせウサギのオズワルド、デビュー

ミッキーマウスの前身のようなキャラクター、「しあわせウサギのオズワルド」シリーズがスタート。左は第2作の『トロリー・トラブルズ』。

Chapter 5

5/25 グーフィー、デビュー
➡『ミッキー一座』でグーフィーがデビュー。名前はグーフィーではなく、Dippy Dawg（おかしな犬）と呼ばれていた。

● 「シリー・シンフォニー」シリーズ
⬇音楽をテーマにするなど、実験的な短編アニメーション、「シリー・シンフォニー」シリーズがスタート。第1作は、墓場で4体のガイコツがグリーグ作曲の音楽に合わせて踊り出す、『骸骨の踊り』だった。

● 初のアカデミー賞

⬆世界初のカラーアニメーション『花と木』（「シリー・シンフォニー」シリーズ）が公開。アカデミー賞短編アニメーション賞を受賞。

6/9 ドナルドダック、デビュー
⬅「シリー・シンフォニー」シリーズの『かしこいメンドリ』で、ドナルドがデビュー。

● ミッキー、カラーになる
➡真っ赤なコスチュームを纏ったミッキーが指揮する『ミッキーの大演奏会』は、ミッキーマウス・シリーズ初のカラー作品となった。

1929 ≫ 1930 ≫ 1932 ≫ 1933 ≫ 1934 ≫ 1935 ≫≫≫

● ミッキーの初コミック連載スタート

● ミッキー初のグッズ発売
➡ミッキーのイラストがあしらわれた初めてのキャラクターグッズ、ノートが発売される。ミッキーの使用料金が支払われた商品の第1号となった。

9/5 プルート、デビュー
⬇『ミッキーの陽気な囚人』で、ミッキーの愛犬プルートがデビュー。デビュー作では、まだ名前はなかった。

5/27 三匹の子ぶた、デビュー
➡「シリー・シンフォニー」シリーズの『三匹の子ぶた』の主題歌「狼なんかこわくない」が大ヒット。ディズニーに「歌」という分野を根付かせた最初の作品となる。

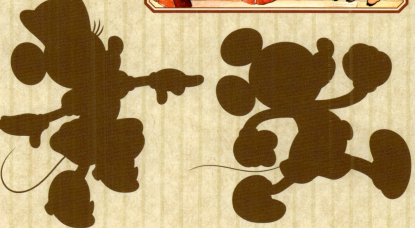

※各データは編集部調べです。映画の公開年は、アメリカで公開された年です。

History

1937-1955

『白雪姫』からテーマパークのオープンまで

世界初の長編カラーアニメーション『白雪姫』を送り出し、高い評価を受けたディズニー。その後、『ピノキオ』『ダンボ』など、長編アニメーションを続々と製作。そして、ウォルトは、テーマパークという新しい夢に向かって動きだします。

●『白雪姫』
↓短編の漫画映画と思われていたアニメーションのイメージを覆す、世界初の長編カラーアニメーション。映画史に残る出来事となる。

●『ピノキオ』

↑イタリアの作家コロッディの原作をもとに、あやつり人形ピノキオの冒険を綴る。主題歌「星に願いを」は、ディズニーに初のアカデミー賞歌曲賞をもたらした。

●『ファンタジア』
→当時としては画期的な、クラシック音楽とアニメーションのコラボレーション。アニメーターがクラシック音楽を聴いてイメージしたものを映像化し、新しく開発した"ファンタサウンド"で上映された。

●『ダンボ』
←子ゾウのダンボが大きな耳を使って空を飛び、サーカスのスターになる。ミュージカル・スコアはアカデミー賞作曲賞を受賞。

1937 ≫ **1940** ≫ **1941**
1942
1943 ≫ **1945** ≫ **1946** ≫≫≫≫

1/9 デイジーダック、デビュー
→『ドナルドのメキシカン・ドライブ』でデイジーがデビュー。当時の名前はドンナ・ダック。

●『バンビ』
→森のプリンスとして生まれた子ジカのバンビが、仲間との出会いや、移り行く自然、悲しい出来事を通して成長していく。

●『ラテン・アメリカの旅』
←ウォルトが、親善旅行のために行った南米で撮影した映像とアニメーションを合成して製作。「グーフィー・ガウチョ」「小さな郵便飛行機ペドロ」など4つの物語からなる。

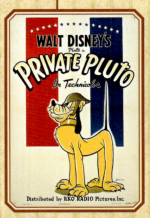

4/2 チップ&デール、デビュー
↑『プルートの二等兵』でチップ&デールがデビュー。当初は2匹は名前もなく外見も同じで、見分けがつかなかった。描き分けられたのは3作目から。

●『三人の騎士』
↑『ラテン・アメリカの旅』の続編。南米の友だち、パンチート、ホセ・キャリオカといっしょにドナルドが南米を案内する。「寒がりペンギン パブロ」など4つの物語からなる。

●『メイク・マイン・ミュージック』
10曲のポピュラー・ミュージックをアニメーションで表現したオムニバス。

Chapter 5

● WEDエンタープライズ
ディズニーランドのためのデザインや開発を手掛ける、WEDエンタープライズが創立。後にウォルト・ディズニー・イマジニアリングに名称変更。

●『ふしぎの国のアリス』

↑ルイス・キャロルの小説を原作に、ウォルトの夢だったアニメーション化が実現。白うさぎを追って穴に落ちたアリスの冒険。

●『シンデレラ』

←継母たちにこき使われるシンデレラが、フェアリー・ゴッドマザーの魔法で舞踏会に行くストーリー。「ビビディ・バビディ・ブー」など名曲も生まれた。

●『ディズニーランド』
→アメリカのABCテレビで新番組『ディズニーランド』が放映開始。ウォルト自身がホストを務め、オープンを控えたディズニーランドを紹介するなど、さまざまな内容でオンエアされた。

●『ピーター・パン』
↓ジェームズ・バリーの戯曲をもとに、ウォルトが長年温めていた企画を映画化。大人にならない空飛ぶ少年、ピーター・パンの冒険物語。

●『海底2万マイル』
→ジュール・ヴェルヌの冒険小説を実写映画化。潜水艦ノーチラス号とネモ艦長の物語。アカデミー賞特殊効果賞を受賞。

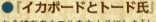

1953 » 1954 » 1955 »»»
1952
1951
1950
»»» 1947 » 1948 » 1949

●『ファン・アンド・ファンシー・フリー』

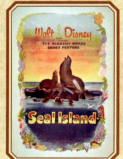

↑「こぐま物語」と「ミッキーと豆の木」の2本からなる。この作品から、ミッキーの声がウォルトからジム・マクドナルドに交代した。

●『メロディ・タイム』
ジャズなどモダンな7曲のナンバーをアニメーションで表現したオムニバス。

●『イカボードとトード氏』
お金持ちのカエルを主人公にした「トード氏」、そして、アメリカの伝説をもとにした「スリーピー・ホロウの伝説」の2本のオムニバス。

●『あざらしの島』
「自然と冒険記録映画」シリーズの第1作。アラスカであざらしを撮影し、アカデミー賞短編映画賞を獲得。

7/17 ディズニーランド

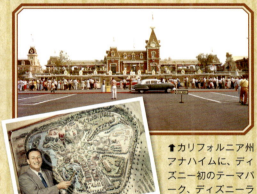

↑カリフォルニア州アナハイムに、ディズニー初のテーマパーク、ディズニーランドがオープン。

●『ミッキーマウス・クラブ』
→"マウスケティア"と呼ばれる子どもたちが出演するテレビ番組「ミッキーマウス・クラブ」が放映開始。月曜日から金曜日まで毎日オンエアされ、全米で人気を博した。

●『わんわん物語』
←お屋敷に住むお嬢様犬レディと野良犬トランプのラブストーリー。「ララルー」「ベラ・ノッテ」など名曲を生み出した。

※各データは編集部調べです。映画の公開年は、アメリカで公開された年です。

History

1957 - 1983

ウォルトが逝去、そして……。東京ディズニーランドのオープン

『メリー・ポピンズ』を大ヒットさせて間もなく、ウォルトがこの世を去ります。ウォルトの遺志を継いでウォルト・ディズニー・ワールドが誕生。さらに、アメリカ国外初のパーク、東京ディズニーランドがオープンします。

● 『眠れる森の美女』
← シャルル・ペローの童話をもとにした、魔女の呪いで深い眠りにおちるオーロラ姫の物語。テクニラマ70方式が採用され、ワイドスクリーンで上映された。

● 『101匹わんちゃん』
→ ゼロックス・プロセスを初めて活用し、アニメーターが手描きしたダルメシアンの子犬たちをセルに転写して製作した作品。

1957 » **1959** » **1961**

↓

1963

↓

1964 » **1966** » **1967** » **1970** »»»»

● 『フラバー うっかり博士の大発明』
リチャードとロバートのシャーマン兄弟による歌を初めて採用したディズニー映画。

12/15 ウォルト・ディズニー逝去
フロリダ州に建設中の新しいパークの誕生を見ずして、この世を去る。享年65歳。

● 『ゾロ』
かつてのカリフォルニアを舞台に、マスクを着けて復讐に燃える主人公が活躍するテレビシリーズ。

● 「魅惑のチキルーム」
↑ カラフルな鳥たちが歌うアトラクションが、ディズニーランドにオープン。初めてオーディオ・アニマトロニクス技術を使用したアトラクション。

● 『王様の剣』
↑ のちに伝説のアーサー王となるワート少年と、その未来を予言していた魔法使いマーリンの物語。主題歌、挿入歌を手掛けたのはシャーマン兄弟。

● 『ジャングル・ブック』
↑ オオカミに育てられた少年、モーグリを主人公に、ウォルト・ディズニーが直接指揮を執った最後の長編アニメーション。主題歌「ザ・ベア・ネセシティ」がアカデミー賞歌曲賞候補になる。

● 『おしゃれキャット』
↑ フランスを舞台に、捨てられた母ネコのダッチェスと3匹の子ネコたちが、パリの家を目指す。ウォルト没後、初の長編アニメーション。

● ニューヨーク世界博覧会
1964年から1965年まで開催。ディズニーは、「イッツ・ア・スモールワールド」をはじめ4つのパビリオンを出展。

● 『メリー・ポピンズ』
P.L.トラヴァースの著作をウォルト・ディズニーが念願の実写化。メリーを演じたジュリー・アンドリュースの主演女優賞をはじめ、歌曲賞、作曲賞など、5部門でアカデミー賞を受賞。

● ウォルト・ディズニー・アーカイブス
← ディズニーの歴史的資料を収集、保存するために、のちにディズニー・レジェンドとなるアーキビストのデイヴ・スミスが設立した。

Chapter 5

- ●『くまのプーさん』

↑A.A.ミルンの原作をもとに製作された『プーさんとはちみつ』(1966)『プーさんと大あらし』(1968)『プーさんとティガー』(1974)の3作をまとめた長編作品。

- ●『ピートとドラゴン』

孤児のピートと、その唯一の友だち、ドラゴンのエリオットの物語。実写映画で、緑色のドラゴンのエリオットはアニメーションで描かれている。

- ●『ビアンカの大冒険』

→ネズミたちの国連、国際救助救援協会に届いた少女からのSOSに応えて、メンバーのビアンカとバーナードが救出作戦を展開。

4/15 東京ディズニーランド

↑カリフォルニア、フロリダに続き、アメリカ国外では初のディズニー・テーマパークが日本にオープン。

- ●ディズニー・チャンネル

アメリカでケーブルテレビ・ネットワークのディズニー・チャンネルが開局。

- ●『ミッキーのクリスマス・キャロル』

→ディケンズの名作『クリスマス・キャロル』を、ミッキーマウスをはじめとしたディズニーキャラクターたちが演じる中編アニメーション。ミッキーの新作映画が劇場公開されたのは、1953年以来30年ぶり。

1977 ≫ ≫≫≫ ≫ **1981** ≫ **1982** ≫ **1983** ≫≫≫≫

1973

≫≫≫≫ **1971**

- ●『ロビンフッド』

→12世紀のイギリスの英雄、シャーウッドの森に住むロビン・フッドの伝説を、動物のキャラクターたちで描いた作品。

10/1 マジックキングダム

↑フロリダ州にウォルト・ディズニー・ワールドが誕生。最初のパークとして、マジックキングダムが開園し、10月25日にセレモニーが行われた。

10/1 エプコット・センター

→ウォルト・ディズニー・ワールドに2つ目のテーマパークとしてオープン。当初は、世界の国々のパビリオンが並ぶワールド・ショーケースと未来をテーマにしたフューチャー・ワールドからなっていた。

- ●『トロン』

- ●『きつねと猟犬』

↑母を亡くし人間に育てられたキツネのトッドと、隣の猟師に飼われる猟犬のコッパー。仲のいい2匹は成長し、互いの運命を知ることに。

←世界で初めてコンピュータ・グラフィックスを広範囲に使用して製作された実写映画。CGで描き出されるコンピュータ内部の世界が注目を集めた。

※各データは編集部調べです。映画の公開年は、アメリカで公開された年です。 85

History

1984-1995

ディズニー・アニメーションのルネサンスと、ピクサーの台頭

P=ディズニー＆ピクサー作品

『リトル・マーメイド』がヒットを記録、『美女と野獣』『アラジン』など話題作が続き、ウォルト亡き後、再びディズニー・アニメーションが脚光を浴びることに。やがてピクサーが登場し、CGアニメーションで新時代を開いていきます。

● 『コルドロン』
→勇敢な戦士を夢見る少年ターランが、魔法の壺"ブラック・コルドロン"を探す邪悪な魔王ホーンド・キングに立ち向かう。のちに実写版『ダンボ』を監督するティム・バートンが美術を担当。

● 『スプラッシュ』
従来よりも大人向けのテーマを扱うために立ち上げたタッチストーン・ピクチャーズの第1作。トム・ハンクス演じる青年に恋をして人間界へやってきた人魚の物語。

● 『オリビアちゃんの大冒険』
↓ネズミのオリビアちゃんの父親が誘拐され、事件解決のため、名探偵のバジルが仲間たちと大活躍。コンピュータ技術を駆使した、ビッグ・ベンの時計のシーンは見どころ。

>>>> **1984** >> **1985** >> **1986**

1987 >> **1988** >> **1989** >>>>

● ディズニーストア
→ディズニーグッズのみを扱う専門店、ディズニーストアの1号店がアメリカでオープン。

● 『ロジャー・ラビット』
実写の俳優とアニメーションのキャラクターたちのみごとな共演が話題を呼んだ作品。スティーブン・スピルバーグとタッグを組んで製作され、4部門でアカデミー賞を獲得。

● 『リトル・マーメイド』

5/1
ディズニーMGMスタジオ

● 『オリバー／ニューヨーク子猫ものがたり』
↑ディケンズの名作「オリバー・ツイスト」を、登場キャラクターをネコやイヌに置き換え、現代のニューヨークを舞台に描いた作品。ビリー・ジョエル、ベット・ミドラーが声の出演をし、歌ってもいる。

↑ウォルト・ディズニー・ワールドに第3のテーマパークがオープン。映画をテーマとしたパークで、実際のアニメーション製作スタジオを見学するアトラクションも。のちにディズニー・ハリウッド・スタジオに名称変更された。

←アンデルセンの名作「人魚姫」を原作に、ハワード・アシュマン、アラン・メンケンの音楽で綴るミュージカル・アニメーション。ディズニー・ルネサンスと呼ばれる新しい時代を開く。

86 DISNEY FAN CHALLENGE

Chapter 5

4/12
ユーロ・ディズニーランド
→ヨーロッパ初のディズニー・テーマパークがパリ郊外にオープン。のちにディズニーランド・パリというリゾートに発展。

● **『ポカホンタス』**
←植民地時代のアメリカを舞台に、先住民族のポカホンタスとイギリスの探険家の出会いを描く。ミュージカル界の雄、スティーブン・シュワルツとアラン・メンケンの音楽で、アカデミー賞歌曲賞、作曲賞を獲得。

● **『ビアンカの大冒険 〜ゴールデン・イーグルを救え！』**
↓オーストラリアを舞台に、絶滅寸前のゴールデン・イーグルを救うためビアンカとバーナードが活躍。コンピュータ・アニメーション・プロダクション・システムを全編に取り入れて製作された。

● **『アラジン』**

↑『リトル・マーメイド』の監督コンビが、「アラビアンナイト」をもとに製作。アシュマン、メンケンのコンビに加え、ティム・ライスが音楽を手掛け、「ホール・ニュー・ワールド」がアカデミー賞歌曲賞を受賞。ロビン・ウィリアムズが声を演じるジーニーも注目の的になった。

● **『トイ・ストーリー』** Ⓟ

↑全編コンピュータ・グラフィックスによる、初の長編アニメーション。オモチャの世界というユニークな視点も相まって大ヒットし、ピクサー・アニメーション・スタジオを一躍有名にする。

1995

≫≫≫ **1990** ≫ **1991** ≫ **1992** ≫ **1993** ≫ **1994** ≫ ≫≫≫

● **『ナイトメアー・ビフォア・クリスマス』**

← クリスマスに魅せられた、ハロウィンタウンのカボチャ大王、ジャック・スケリントンの摩訶不思議な世界が、ストップモーション・アニメーションで展開。製作は、かつてディズニーのアニメーターだったティム・バートン。

● **『ライオン・キング』**
↓アフリカのサバンナに生まれた、ライオンの王子、シンバの物語。ポップミュージック界のキング、エルトン・ジョンが音楽を担当し、「愛を感じて」「サークル・オブ・ライフ」が大ヒット。

● **『美女と野獣』**
↑ハワード・アシュマン、アラン・メンケンの名コンビを再び起用し、フランスの古典「美女と野獣」をミュージカルタッチの作品に。主題歌「美女と野獣」がアカデミー賞歌曲賞を受賞。アニメーション史上初めて、アカデミー賞作品賞にノミネートもされた。

■ **「美女と野獣」（ブロードウェイ・ミュージカル）**
→大ヒットアニメーションをステージ・ミュージカル化し、ディズニーがブロードウェイに進出。映画と同じくアラン・メンケンが音楽を手掛け、ロングランヒットを記録。

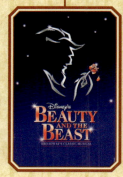

※各データは編集部調べです。映画の公開年は、アメリカで公開された年です。

History

1996-2005

世界へ広がるディズニーリゾート、さらに新しい世紀へ

東京ディズニーシー、香港ディズニーランドが開園し、ディズニーリゾートの魅力が世界へと広がっていきます。そして、『パイレーツ・オブ・カリビアン』が新たなヒットシリーズになりました。

- ●『ジャイアント・ピーチ』
  ティム・バートンが手掛けた実写とストップモーション・アニメーションで構成された作品。巨大なモモに乗り、ジェームス少年と仲間たちがニューヨークを目指す。

- ●『ノートルダムの鐘』
  ヴィクトル・ユーゴーの小説をもとに、パリのノートルダム大聖堂に住む鐘つき男の物語を、荘厳な映像や重厚な音楽で綴る。

- ●『ターザン』
  エドガー・ライス・バローズの小説が原作。ジャングルで育った人間のターザンが、イギリス人女性と出会い、自分が本当に生きる場所を探し求める。

- ●『トイ・ストーリー2』 P
  ➡カウボーイ人形のウッディが誘拐されたことから、仲間たちが救出に向かう。カウガール人形のジェシーが初登場。

>>>> 1996 >> 1997 >> 1998 >> 1999 >> 2000 >>>>

- ●「ライオンキング」（ブロードウェイ・ミュージカル）
  ➡ユニークな仮面やパペットを多用した演出で、映画『ライオン・キング』をステージ・ミュージカルに。大ヒットしロングランを記録。

- ●『ヘラクレス』

  ←ギリシャ神話の英雄、ヘラクレスの姿を、パロディやギャグをちりばめて描く。音楽をアラン・メンケンが担当し、女神たちの歌うゴスペルでストーリーを展開。

- **4/22** ディズニー・アニマルキングダム
  ⬇ウォルト・ディズニー・ワールド・リゾートに第4のパークがオープン。200ヘクタールもの敷地に2000頭以上の動物たちが暮らす、ディズニー最大のテーマパーク。

- ●『ムーラン』

  ↑古の中国で、年老いた父に代わり、娘のムーランが男と偽って戦場へ。中国に伝わる詩をもとに、ディズニーが初めてアジアを舞台に描いたアニメーションを製作した。

- ●ディズニー・クルーズライン
  ➡ディズニーが手掛ける初めての豪華客船、ディズニー・マジック号が出航。

- ●『バグズ・ライフ』 P

  ➡ピクサーが、イソップ童話「アリとキリギリス」を原案に、アリのフリックと仲間の虫たちの世界を描く。ピクサー作品のエンド・クレジットに初めてNG集が登場。

- ●『ファンタジア／2000』

  ↑前作から60年、「魔法使いの弟子」をデジタル方式で再現し、新たに「威風堂々」「動物の謝肉祭」など7曲をセレクトして、名曲と映像がコラボレーション。

- ●『ダイナソー』
  ➡絶滅の危機に瀕した恐竜たちのサバイバルを、CGで描く。世界各地で撮影した実写を背景に組み合わせ、よりリアルな映像が生み出された。

- ●『ラマになった王様』

  ←南米のわがままな王様クスコが、陰謀でラマに姿を変えられたことから巻き起こるコメディ。

DISNEY FAN CHALLENGE

Chapter 5

9/4
東京ディズニーシー
➡東京ディズニーリゾートに第2のパーク、東京ディズニーシーがオープン。ディズニー初、海をテーマにしたパークで、一体型のホテルを持つことでも話題になった。

● 『アトランティス／失われた帝国』
➡消えた大陸、アトランティスの謎を追って、言語学者で地図製作者のマイロが探検隊の一員に。ウォルト生誕100周年記念作品。

● 『モンスターズ・インク』 P

← モンスターたちの世界に、人間の女の子が紛れ込んだことから大騒動になる。個性的なモンスターや、笑いをちりばめたストーリーで大ヒット。

● 『ファインディング・ニモ』 P

↑人間に連れ去られたカクレクマノミのニモを探し、父親のマーリンがオーストラリアの海を大冒険。ディズニー初のアカデミー賞長編アニメーション賞を獲得。

● 『パイレーツ・オブ・カリビアン／呪われた海賊たち』
アトラクション「カリブの海賊」からアイデアを得たヒットシリーズの第1作。ジョニー・デップ演じるキャプテン・ジャック・スパロウが、生きた屍の呪いをかけられた海賊たちとの戦いに挑む。

● 『ブラザー・ベア』

↑兄の敵を討ってクマに姿を変えられてしまった弟を主人公に、氷河期後のアメリカ北西部の大自然の中で生命（いのち）の物語が綴られる。

≫≫≫ 2001 ≫ 2002 ≫ 2003 ≫ 2004 ≫ 2005 ≫≫≫

● 『リロ&スティッチ』

↑5歳のリロが引き取ったイヌのようなスティッチは、宇宙から逃亡してきた凶悪なエイリアンだった！ ハワイを舞台に繰り広げられるオハナ（家族）の物語。

● 『トレジャー・プラネット』

↑スティーブンソンの冒険小説「宝島」の背景を宇宙に置き換えて描く、ディズニー初のSFアニメーション。企画から17年を経て、CGの進歩により製作が実現した。

● 『Mr.インクレディブル』 P

↑かつてのヒーロー、Mr.インクレディブルこと、平凡な会社員のボブが、極秘任務を受けて再び始動。陰謀に巻き込まれたボブのピンチに、スーパーパワーを持つ家族も大活躍。

● 『ホーム・オン・ザ・レンジ／にぎやか農場を救え！』

←窮地に陥った農場を救おうと、3頭のメウシたちが大奮闘。西部開拓時代のカウボーイ・ソング「峠のわが家」をモチーフにしたミュージカルタッチのウエスタン・コメディ。

● 『チキン・リトル』
↑ニワトリの男の子チキン・リトルは、「空のカケラが落ちてきた」と騒ぎ、笑い物になるものの……。ディズニーが手描きアニメーションからCGアニメーションに移行後の第1作。

9/12
香港ディズニーランド
➡日本に次いで、アジアに新しいディズニーパークがオープン。香港のランタオ島に、パークとともに2つのディズニーホテルを持つ香港ディズニーランド・リゾートが誕生。

※各データは編集部調べです。映画の公開年は、アメリカで公開された年です。

History

2006-2013

本格的CGアニメーションの時代到来

アニメーションは、手描きからフルCGの時代へ突入します。新しいプリンセス、ラプンツェルが人気を博し、さらに『アナと雪の女王』が空前のヒット。ピクサーも、『カーズ』『ウォーリー』など、話題作を次々と送り出します。

● 『ルイスと未来泥棒』

←施設育ちで発明好きの少年ルイスは、母親を探そうと発明した装置を謎の男に奪われる。そんなルイスの前に未来から来たという少年が現れて。

● 『魔法にかけられて』

↑アニメーションのおとぎ話のプリンセスが、突然、現代のニューヨークへ。夢見るプリンセスが、現実の世界で直面するギャップが楽しいミュージカル・コメディ。

● 『ウォーリー』 P

→29世紀、荒廃した地球でひたすらゴミを片付けるロボット、ウォーリーが主人公。白いロボットのイヴとの出会い、そして宇宙への大冒険を描くハートウォーミングなSF。

● 『レミーのおいしいレストラン』 P

←料理の才能を持ち、シェフを夢見るネズミのレミーが主人公。5つ星レストランの見習いシェフ、リングイニと密かに組んでレミーが料理を作ると、瞬く間に評判に。

● 『ボルト』

→ハリウッドで活躍するボルトは自らをスーパードッグと信じていたものの、思いがけず遠くニューヨークへ送られてしまい、現実に直面。そして、我が家を目指す旅が始まる。

>>>> **2006** >> **2007** >> **2008** >> **2009** >>>>

● 「ハイスクール・ミュージカル」

↑ディズニー・チャンネル・オリジナルムービー。偶然に再会したトロイとガブリエラを中心に、高校で上演するミュージカルを巡る騒動がミュージカルで展開。

● 『カーズ』 P

←レーシングカーの天才ルーキー、ライトニング・マックィーンが、アクシデントで田舎町へ迷い込み、人生を考え直すことに。登場キャラクターは、すべてが車。

● 『ライアンを探せ！』

↑ニューヨークの動物園から誤って連れ去られた子ライオンのライアンを救うため、都会育ちの父親と仲間が、野生の島へと大冒険。動物のリアルな質感や動きは、CGならではの表現だ。

● D23：ザ・オフィシャル・ディズニー・ファンクラブ

● 『カールじいさんの空飛ぶ家』 P

↑3月10日、ディズニー初の公式ファンクラブが設立。9月には、カリフォルニアで初のイベント「D23 Expo」も開催された。

↑78歳のカールは、今は亡き愛する妻と約束した南米の秘境を訪れるため、膨大な数の風船を使って思い出が詰まった家ごと空に旅立つ。アニメーションで初めて、カンヌ国際映画祭のオープニング・ナイトを飾った。

● 『プリンセスと魔法のキス』

→夢のために一生懸命なティアナは、カエルに変えられた王子の願いを聞き入れたことから自分もカエルになってしまう。2025年現在、ディズニー長編アニメーションとしては、手描きで製作された最後の作品。

90　DISNEY FAN CHALLENGE

Chapter 5

● 『トイ・ストーリー3』 P

← 持ち主の大学進学のため片付けられることになったウッディたちオモチャは、手違いから保育園に送られてしまい、トラブルに巻き込まれる。前2作を超える大ヒットを記録。

● 『アベンジャーズ』

↑アイアンマン、キャプテン・アメリカ、ソー、ハルク、ホークアイ、ブラック・ウィドウらスーパーヒーローが結集し、"アベンジャーズ"として強敵に挑む。マーベルの大ヒットシリーズ第1弾。

● 『メリダとおそろしの森』 F

↑中世のスコットランドで、王女メリダと、クマに姿を変えられてしまった王妃との親子の物語が展開。ピクサーが初めて中世を舞台に、初の女性主人公で描いた作品。

● 『塔の上のラプンツェル』

↑フルCGで初のディズニープリンセスの物語。長い髪を持ち、高い塔に暮らすラプンツェルは、大泥棒フリン・ライダーと出会い、夢をかなえるため外の世界へ飛びだす。

● 『フランケンウィニー』

● 『シュガー・ラッシュ』

↑悪役に飽き飽きしたラルフは、自分のゲームを飛び出し、お菓子の国のレースゲームへ。そこで孤独な少女ヴァネロペと出会い、2人は思いがけない悪者と対決することになる。
←ティム・バートンが監督を手掛ける、3D白黒ストップモーション・アニメーション。科学好きの少年ヴィクターが、死んでしまった愛犬を電気ショックでよみがえらせる。

2010 » 2011 » 2012 » 2013 »

● 『カーズ2』 P

→ライトニング・マックィーンがワールド・グランプリに出場し、トーキョー、パリなど、世界を駆け抜ける。レースの裏に隠された巨大な陰謀に、メーターが巻き込まれる。

8/29
アウラニ・ディズニー・リゾート＆スパ コオリナ・ハワイ

→ホテルやヴィラを持ち、ハワイの自然と伝統文化を生かしたディズニーリゾートがオープン。

● 『くまのプーさん』

← 前作から34年、内容も新たに製作された『くまのプーさん』が誕生。プーさんと100エーカーの森の仲間たちが冒険を繰り広げる。

● 『モンスターズ・ユニバーシティ』 P

→『モンスターズ・インク』の主人公、マイクとサリーの大学生時代を綴る前日譚。怖がらせ屋の才能あふれるサリーと、努力家のマイク、最初はそりが合わなかった2人が名コンビになるまでが描かれる。

● 『プレーンズ』

→車たちの世界を描いた『カーズ』のように、飛行機たちの世界を描いた作品。高所恐怖症の農薬散布機ダスティが、世界一周レースのチャンピオンを目指す。

● 『アナと雪の女王』

←アンデルセンの「雪の女王」をもとに、触れたものを凍らせる魔法の力を持つエルサと妹アナを主人公にした物語。映画の大ヒットと共に、主題歌「レット・イット・ゴー」が大ブームを巻き起こした。

※各データは編集部調べです。映画の公開年は、アメリカで公開された年です。

History

シリーズ化、実写化で
アニメーションの新しい魅力が広がる

『ファインディング・ドリー』『アナと雪の女王2』など、ヒット作の続編が数多く登場。アニメーションをもとにした実写映画も数多く製作され、話題を集めるようになります。

- ●『プレーンズ2/ファイアー&レスキュー』
  → 前作でレースのチャンピオンとなったダスティが、消防飛行機として仲間たちと共に山火事と戦う。

- ●『ベイマックス』
  → 架空の都市、サンフランソウキョウを舞台に、科学に秀でた天才少年ヒロとケア・ロボットのベイマックスが、悪者に挑む。マーベル・コミックスを原案に製作されたディズニー・アニメーション。

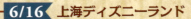

- ●『ズートピア』
  ↑ 動物たちが暮らすズートピアでウサギとして初の警察官になったジュディ。事件解決のために彼女が組んだのは、詐欺師のキツネ、ニックだった。

- **6/16** 上海ディズニーランド
  → 世界で12番目のディズニーパークを持つ、上海ディズニーリゾートが中国にオープン。

≫≫≫ **2014** ≫ **2015** ≫ **2016** ≫≫≫

- ●『インサイド・ヘッド』[P]
  ↑ 11歳の少女ライリーが引っ越し先での新しい生活に戸惑うなか、彼女の頭の中にいる感情、ヨロコビやカナシミたちは、この局面を乗り越えようと大奮闘。

- ●『アーロと少年』[P]
  ↑ もし恐竜が絶滅していなかったら……という地球が舞台。家族とはぐれた恐竜のアーロが、ひとりぼっちの人間の男の子と出会い、やがて絆が結ばれていく。

- ●『スター・ウォーズ/フォースの覚醒』
  ディズニー傘下での初の「スター・ウォーズ」作品で、シリーズ7作目にあたる。砂漠の惑星に暮らすレイは、最後のジェダイ、ルーク・スカイウォーカーを探す旅に出ることになった。

- ●『モアナと伝説の海』
  ↑ 南の島に住む村長の娘モアナは、島と人々を救うため、まだ見ぬ広い海へと旅立つ。そして、命の女神の心を盗んだという半神半人のマウイに出会う。

- ●『ファインディング・ドリー』[P]
  → ドリーを主人公に迎えた、『ファインディング・ニモ』の続編。忘れん坊のドリーが思い出の家族に会うため、ニモやマーリンと大冒険。

Chapter 5

← 音楽が禁止された一家でミュージシャンを夢見るミゲルは、思いがけず死者の国へ迷い込んでしまい、憧れの大スターに出会うものの……。アカデミー賞では、長編アニメーション賞と、テーマソング「リメンバー・ミー」で歌曲賞を獲得した。

● 『リメンバー・ミー』 P

● 『カーズ/クロスロード』 P
↑「カーズ」シリーズ3作目。レース界の世代交代で新人に逆転優勝されてしまったマックィーンは、若いトレーナーのクルーズ・ラミレスを迎えて再起に挑む。

● ディズニープラス
ディズニー、ピクサー、マーベル、「スター・ウォーズ」などのコンテンツを楽しめる動画配信サービスがアメリカでスタート。

● 「マンダロリアン」
ダース・ベイダーの死から5年後の「スター・ウォーズ」の世界を舞台に、賞金稼ぎのマンダロリアンと、フォースの力を秘めた子どもグローグーの冒険を描くドラマシリーズが、ディズニープラスで配信開始。

名作アニメーションからの実写化作品が続々

1996	『101』
2000	『102』
2010	『アリス・イン・ワンダーランド』
2014	『マレフィセント』
2015	『シンデレラ』
2016	『アリス・イン・ワンダーランド/時間の旅』『ジャングル・ブック』
2017	『美女と野獣』
2018	『プーと大人になった僕』
2019	『ダンボ』『アラジン』『マレフィセント2』『ライオン・キング』
2020	『ムーラン』
2021	『クルエラ』
2023	『リトル・マーメイド』

2017 » 2018 » 2019

● 『インクレディブル・ファミリー』 P

↑『Mr.インクレディブル』から14年を経て続編が登場。ミッションを受けたイラスティガールことヘレンが陰謀に巻き込まれ、その救出のため、残された家族が出動する。

● 『シュガー・ラッシュ:オンライン』

↑ゲームのキャラクター、ラルフとヴァネロペが活躍する『シュガー・ラッシュ』の第2弾。2人がアーケードゲームを飛び出して、インターネットの世界へ。

● 『トイ・ストーリー4』 P
←完結編と思われた3作目から9年後に登場した最新作。スプーンで作った新しいオモチャのフォーキーを巡り、ウッディたちが大冒険。ボー・ピープとの再会も話題になった。

● 『アナと雪の女王2』
↓前作から3年後のエルサとアナの物語。アレンデール王国の過去が紐解かれ、エルサが魔法の力を与えられた理由が明かされる。

※各データは編集部調べです。映画の公開年は、アメリカで公開された年です。

History

2020-2024

創立から100年、そして、その先へ

2023年10月16日、ウォルト・ディズニー・カンパニーは100周年を迎えました。ディズニープラスが世界に広まり、アニメーションを始めとした映像作品はより身近な存在になっています。

● 『ラーヤと龍の王国』
➡ かつて龍に守られていた王国が、魔物に襲われる。長の娘ラーヤは、伝説の最後の龍をよみがえらせ、平和を取り戻すことができるのか？ アジアの国々をモデルにした作品。

● 『ミラベルと魔法だらけの家』
⬇ 家族のなかで1人だけ魔法のギフト（才能）を持たないミラベルが、魔法の力を持つ家の危機に直面し、家族を救うため立ち上がる。挿入歌「秘密のブルーノ」が全米でヒット。

● 『あの夏のルカ』 Ⓟ
➡ のどかな港町を舞台に、人間の世界にもぐりこんだシー・モンスターのルカとアルベルトの、ひと夏の冒険と友情を描く。ディズニープラスで配信され、のちに劇場公開。

>>>> **2020** >> **2021** >> **2022** >>>>

● 『2分の1の魔法』 Ⓟ

⬆ "魔法が消えかけた"世界に暮らす少年イアンが、魔法に失敗し、亡き父を半分だけの姿でよみがえらせて……。父の完全復活のため、イアンと兄の冒険が始まる。

● 『ソウルフル・ワールド』 Ⓟ

⬆ 地上に生まれる前のソウル〈魂〉たちのいる世界に迷い込んだ音楽教師のジョーは、あるソウルのメンターになった。ディズニープラスで配信され、のちに劇場公開もされた。

● 『バズ・ライトイヤー』 Ⓟ
➡ 『トイ・ストーリー』でおなじみ、オモチャのバズのもとになったヒーローの物語。乗組員とともに危険な惑星に不時着したスペース・レンジャー、バズ・ライトイヤーが、地球に帰還するためのミッションに挑む。

● 『ストレンジ・ワールド／もうひとつの世界』
エネルギー源となる植物が絶滅しかけ、冒険家の父を持つサーチャーと家族は、その解決のためにまだ見ぬ世界へと旅立つことになる。

● 『私とときどきレッサーパンダ』 Ⓟ
➡ 13歳の少女メイはあれこれ思い悩み、興奮するとレッサーパンダに変身してしまう。母親への反発、思春期の葛藤をコメディタッチで描く。

Chapter 5

- ●『インサイド・ヘッド2』P
  ➡頭の中に広がる〈感情たちの世界〉を描いた『インサイド・ヘッド』の続編。高校入学という人生の転機を控えた少女ライリーの頭の中に、シンパイ率いる〈大人の感情〉たちが現れる。ヨロコビたちは追放され、巻き起こる"感情の嵐"の中で自分らしさを失っていくライリー。ライリーを救わなければ!

- ●『ライオン・キング:ムファサ』
  ⬇『ライオン・キング』のシンバの父ムファサと、弟スカーの若き日の物語。2019年公開作品に引き続き、"超実写"と呼ばれるフルCGでライオンたちを描いている。王家の血をひくライオン、タカ(後のスカー)と、孤児のムファサは兄弟の絆で結ばれるが、やがて2人は敵対していく。『ライオン・キング』はこの作品で完結とか。

- ●『モアナと伝説の海2』
  ➡『モアナと伝説の海』の続編。あの冒険から3年。19歳になったモアナはシメアという妹ができ、"1000年にひとりの導く者"として仲間たちの信頼厚い航海者となっていた。ある日、「世界の人々は人間を憎む神によって引き裂かれた」という伝説を知る。モアナは人々の絆を取り戻すべく、再び大海原へ!

>>>> **2023** >> **2024** >> **2025** >>>>

- ●『ウィッシュ』
  ➡人々の願いが王に支配されていると知ったアーシャは、願いを取り戻そうと決心する。手描きを意識した映像で綴るミュージカルで、ウォルト・ディズニー・カンパニー100周年記念作品。

- ●『ホーンテッドマンション』

⬆ディズニーパークの人気アトラクションをもとにした実写映画。ゴーストの住む館に集まった人間たちが館の謎を解明しようとする。

- ●『マイ・エレメント』P
  ➡火の女性エンバーと水の青年ウェイドという、お互いに相いれないはずのエレメントの2人が出会い、心を惹かれていく。

2025年公開作品

『白雪姫』(実写)
ディズニー初の長編映画『白雪姫』が実写映画化。白雪姫役には、『ウエスト・サイド・ストーリー』でゴールデングローブ賞主演女優賞に輝き、抜群の歌唱力を誇るレイチェル・ゼグラー。アニメーション版の楽曲に『ラ・ラ・ランド』『グレイテスト・ショーマン』のパセク&ポールによる新曲が加わったディズニー・ミュージカル。

『リロ&スティッチ』(実写)
その愛らしさでスティッチ・ブームを巻き起こした『リロ&スティッチ』が実写映画化。ハワイを舞台に、かけがえのないオハナ(家族)の絆を描くというテーマは変わらず、モフモフで超キュートなスティッチが大活躍!

『星つなぎのエリオ』P
宇宙の仲間たちと出逢うひとりぼっちの少年エリオの成長物語。ある日、母との電話が傍受され、はるか彼方の銀河系からリーダーが集まる《宇宙サミット》に手違いで転送されてしまう――。監督は『リメンバー・ミー』で脚本・共同監督を務めたエイドリアン・モリーナほか。

『ズートピア2』
2016年に大ヒットを飛ばした『ズートピア』の続編。あらゆる動物が共に暮らす社会「ズートピア」を舞台に、警察官になったニック・ワイルドと、ジュディ・ホップスが再びコンビを組んで潜入捜査に!

※各データは編集部調べです。映画の公開年は、アメリカで公開・または公開予定の年です。

ディズニーファン・チャレンジ＋ Part 2

誰の毛？ Coats

毛並みや髪、肌に特徴のあるディズニーキャラクターを、アップにしてみましたよ。誰だかわかりますか？ 難しいって？ 答えはP125を見てね。

1

2

3

4

5

6

7

8

9

10

11

12

Chapter 6

東京ディズニーリゾートの歴史

History

千葉県浦安市に東京ディズニーランドがオープンしたのは、
1983年4月15日のことでした。
日本人にとって遠い夢だった、
アメリカと同じディズニー体験ができるなんて！
日本中が歓喜に沸いた年でした。
あれから42年。東京ディズニーリゾートに成長した
テーマパークの歴史を振り返ります。

History

1983-2000

永遠に完成しない、夢と魔法の王国開園!

1983年4月15日に誕生した東京ディズニーランド。この年から夢と魔法がスタート。周年を重ねながら多くのパークファンを魅了してきました。

◆ 東京ディズニーランド
◆ 東京ディズニーシー
◆ 東京ディズニーリゾート

※各データは編集部調べです。

4/15

東京ディズニーランド グランドオープン
↑4月15日、日本中が注目するなか、東京ディズニーランドが開園。この日、約2万人ものゲストが来園し、華やかにグランドオープンをお祝いしました。

「東京ディズニーランド・エレクトリカルパレード」スタート
→現在も多くのゲストに愛される、音楽にあふれた光の一大ページェント(パレード)の、最初の登場は開園2年目。

3/9～1995年6/21

7/12

「スター・ツアーズ」オープン
↑映画『スター・ウォーズ』の世界が楽しめる新アトラクションが誕生。迫力あふれる映像にびっくり。

4/21～6/17
「ドナルドのアメリカン・オールディーズ」開催
→'50～'60年代のアメリカン・オールディーズイベントの主役はドナルド!

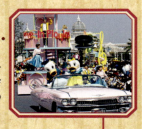

クリッターカントリー オープン

10/1

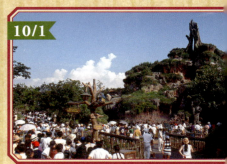

↑6番目のテーマランドが登場。最高時速62kmで急降下する「スプラッシュ・マウンテン」は今も大人気!

1992

1989 ≫ **1990** ≫ **1991**

1983

1984 ≫ **1985** ≫ **1986** ≫ **1987** **1988**

4/15

東京ディズニーランド 1stアニバーサリー
↑記念すべき開園1周年。シンデレラ城前にディズニーキャラクターとキャストが大集合しました。

3/8

7/4
「ビッグサンダー・マウンテン」オープン
→7月に、現在も人気が高いアトラクションが登場。鉱山列車の、かつてないスリリングな暴走にみんな夢中でした。

「アリスのティーパーティー」オープン
←オープン時は、今の「プーさんのハニーハント」の位置に。1998年にリニューアルして現在の場所に移転。

4/15～1993年4/8
「ディズニー・パーティグラ・パレード」
→高さ約12mのドナルドたちのバルーンフロートに驚いた、陽気なデイパレード。

東京ディズニーランド開園5周年

4/15

↑開園5周年、新しいショーやパレードが登場。ミッキーの熱気球が全国16都市をめぐる「フライングミッキー・フレンドシップツアー」が話題に。

98 DISNEY FAN CHALLENGE

Chapter 6

4/15〜1994年4/14
東京ディズニーランド10thアニバーサリー
↑マジカルな10周年！ 新しいパレードやキャッスルショーで記念すべきアニバーサリーを盛大にお祝い。「スイスファミリー・ツリーハウス」など3つのアトラクションも登場しました。
写真は「東京ディズニーランド10thアニバーサリー・スペクタキュラー"イッツ・マジカル！"」

4/15
トゥーンタウン大公開
←7番目のテーマランドを大公開！ それまで秘密とされていたミッキーたちが住む街をすべてのゲストに開放。トゥーンたちのギャグやジョークにあふれた街にゲストは大感激！

4/29〜11/14
「アラジンの大冒険」開催
→この年はパークが、映画『アラジン』の世界一色！ 壮大なキャッスルショーでした。

4/15〜10/15
「ドナルドのスーパーダック・パレード」
↑パークが「ドナルド・ワッキーキングダム」に。ハチャメチャゆかいなパレードやショーが楽しめました。

1/21〜6/30
「Club Disney スーパーダンシン・マニア」開催
↓「ミッキーマウス・マーチ」で踊るダンスが大人気。ミッキーと仲間たちも決まってました。

>>>> **1993** >> **1994** >> **1995** >> **1996** >> **1997** >> **1998** >> **1999** >> **2000** >>>>

7/21〜2001年5/15
「ディズニー・ファンティリュージョン！」スタート
↓夢と魔法にあふれたナイトタイムエンターテイメントが登場。光のパレードは途中停止して、フロートがマジカルなメタモルフォーゼ（変身）でゲストを魅了。

7/19〜10/24
「ヘラクレス・ザ・ヒーロー」開催
→ギリシャ神話の世界観たっぷりのパレードでは、エクササイズでゲストも一緒に大盛り上がり！

4/15〜1999年3/19
東京ディズニーランド15thアニバーサリー
↓開園15周年を迎えたパーク。1年を4期に分けて、史上最大のカーニバルを開催。華やかなパレード、キャッスルショー「ビバ！ マジック」でお祝い。

↑パレード「ディズニーカーニバル」では、ミッキーは太陽の神に扮して登場。黄金に輝く姿がまぶしかった。

99

History

2001 -2018

東京ディズニーシー誕生！そして東京ディズニーリゾートへ

構想から約14年、2001年9月4日、第2のパークがついに開園。この新しいパークの誕生をもって、東京ディズニーリゾートがスタートしました。

9/4
東京ディズニーシー グランドオープン
↑世界のディズニーパーク史上初となる"海"にまつわる物語や伝説をテーマにした、東京ディズニーシーが誕生。はるかなる航海がスタート！

7/17~2010年11/13
「ブラヴィッシーモ！」スタート

↑水の精ベリッシーと火の精プロメテオのラブストーリーを描いた、壮大なナイトタイムエンターテイメント。

7/20~8/31
「ボンファイアーダンス」開催

↓アラビアンコーストの特設ステージで"日本の祭り"を紹介した王宮の夏祭りを開催。ボンファイアーダンスで大盛り上がり！

2001 » 2002 » 2003 » 2004 » 2005 » 2006 » 2007 » 2008

1/15~5/31
「Dポップ・マジック！」開催
→Dポップにのせて7つのテーマランドを紹介。ミッキーたちのダンス、衣装が最高でした。

1/25~2004年4/11
東京ディズニーランド 20thアニバーサリー

↓開園20周年を迎えた東京ディズニーランドでは、"Dream"をテーマにした盛大なセレブレーションパーティーを開催。

写真は「ミッキーのギフト・オブ・ドリームス」

4/15~8/31
「ディズニー・ロック・アラウンド・ザ・マウス」開催

↑'50~'60年代のアメリカの陽気な若者文化を、ディズニー流にアレンジしたイベントを開催。楽しいロックのリズムにみんな感激！

7/14~2007年5/31

写真は「ミート＆スマイル」

4/15~2009年4/14
東京ディズニーリゾート 25thアニバーサリー
↑"夢よ、ひらけ。"を合い言葉に、2つのパークで開園25周年をお祝い。華やかなエンターテイメントで、訪れたゲストを大歓迎。

東京ディズニーシー 5thアニバーサリー
←開園5周年はビッグスケール。豪華なイベントをはじめ、「ビッグバンドビート」や「タワー・オブ・テラー」などニューフェイスが次々と登場。

100　DISNEY FAN CHALLENGE

Chapter 6

4/1〜6/30
「ディズニー・イースター ワンダーランド」開催
←春を告げる、イースターをテーマにしたイベントが初開催。花にあふれたパレードが大人気。

5/12
「ニモ&フレンズ・シーライダー」オープン
→魚サイズに縮んだ潜水艇で、海の世界を冒険できるアトラクションがオープンしました。

「モンスターズ・インク"ライド&ゴーシーク!"」オープン
↓夢と魔法の王国に新アトラクション「モンスターズ・インク"ライド&ゴーシーク!"」がオープン。東京ディズニーシーには「タートル・トーク」が10月1日に登場。

4/15

4/15〜2014年3/20

4/15〜2019年3/25
東京ディズニーリゾート35周年 "Happiest Celebration!"
↓"Happiest Celebration!"をテーマに、2つのパークで史上最大の祭典を約1年にわたって開催。

東京ディズニーリゾート 30周年 "ザ・ハピネス・イヤー"
↑開園30周年を祝うアニバーサリーイベントを2つのパークで開催。パレードや水上ショーで大盛り上がりしました。

2009 »»» **2010** »» **2011** ↓ **2012** »» **2013** »» **2014** »» **2015** ↑ **2016** ↑ **2017** ↑ **2018** »»»

9/4〜2012年3/19
東京ディズニーシー 10thアニバーサリー "Be Magical!"

↑記念イベントに先立ち、「ファンタズミック!」や「ジャスミンのフライングカーペット」が登場し、開園10周年を盛大に祝福!

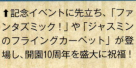

→大人気アトラクションがこの年に誕生。得点を競うユニークなゲームにゲストも夢中に。

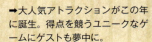

5/29〜2017年11/6
「ワンス・アポン・ア・タイム」開催
→プロジェクションマッピングを駆使した、新しいナイトタイムエンターテイメントが登場。

「トイ・ストーリー・マニア!」オープン

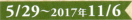

7/9

4/15〜2017年3/17
東京ディズニーシー 15周年 "ザ・イヤー・オブ・ウィッシュ"
→みんなの"Wish(願い)"が込められたクリスタルが光り輝いた。開園15周年、東京ディズニーシーは新たな航海へ。

7/17
「スティッチ・エンカウンター」オープン
←スティッチとリアルタイムで交信が楽しめる新アトラクションが誕生。スティッチのイタズラやユニークな発言に大笑い!

101

History

2つのパークの大規模開発により、リゾート全体がスケールアップ

充実する東京ディズニーリゾート。東京ディズニーランドに史上最大規模の開発エリアが登場し、東京ディズニーシーには「ファンタジースプリングス」が誕生！

7/23 「ソアリン：ファンタスティック・フライト」オープン

↓海外ディズニーテーマパークで人気を誇るアトラクションが日本上陸。東京ディズニーシー上空をフライトするというオリジナルストーリーもあり、オープン以来大人気！

9/4〜2022年9/3 東京ディズニーシー20周年：タイム・トゥ・シャイン！

↓華やかな水上グリーティングやデコレーション、スペシャルグッズやメニューで20周年を盛大に祝福。

4/15〜2024年3/31 東京ディズニーリゾート40周年 "ドリームゴーラウンド"

↓ゲストとキャスト、ディズニーの仲間たちの色とりどりの夢がひとつにつながる特別なアニバーサリーを開催。

»»» 2019 »» 2020 »» 2021 »» 2022 »» 2023 »»»

9/28 東京ディズニーランド 史上最大規模の開発エリアがオープン

↑ディズニー映画『美女と野獣』をテーマにしたエリアと、トゥーンタウン、トゥモローランドに新施設が誕生。夢と魔法の王国がさらにマジカルな世界に！
→ベイマックスにそっくりなケア・ロボットたちが引っ張るビークルに乗って、ドキドキの予測不能なスピンを満喫。

ベイマックスのハッピーライド

美女と野獣 "魔法のものがたり"

←荘厳な「美女と野獣の城」が舞台。魔法のカップに乗って『美女と野獣』の世界を満喫します。

ミニーのスタイルスタジオ

↑ファッションデザイナーとして活躍するミニーのスタジオ。見学したあと彼女がゲストを大歓迎。

11/11 「ビリーヴ！〜シー・オブ・ドリームス〜」スタート

↑ディズニーの仲間たちが、諦めずに信じ続けることで夢をかなえる姿を描いた壮大な夜の水上ショー。

Chapter 6

**6/6　8番目の新テーマポート
「ファンタジースプリングス」グランドオープン**

ディズニー映画3作品をテーマにした、東京ディズニーシー8番目のテーマポートが誕生。それぞれの映画の世界観にひたれるアトラクションやレストランがゲストを歓迎。また、パークの雰囲気に包まれたディズニーホテルも開業しました。

ラプンツェルの森

←ラプンツェルが顔をのぞかせる塔がそびえるエリア。ランタンフェスティバルに参加したり、荒くれ者たちの酒場（レストラン）ではランチ＆ディナーも！

フローズンキングダム

ピーターパンのネバーランド

→映画『ピーター・パン』に登場するロストキッズの一員になって、壮大な冒険の旅を体験。食事もロストキッズの隠れ家で味わえるから最高です。

↑映画『アナと雪の女王』のあとの世界。暖かさを取り戻した祝福のムードにあふれたアレンデール王国で、ボートの旅やお城で食事が楽しめます。

東京ディズニーシー・ファンタジースプリングスホテル

→デラックスタイプの「ファンタジーシャトー」とラグジュアリータイプの「グランドシャトー」の2棟からなるパーク一体型のディズニーホテル。

2024 ≫ **2025** 〜 **2026** ≫ **2027**

※2026年、2027年の情報は予定の内容です。また画像はイメージです。

**1/15〜6/30
「イッツ・ア・スモールワールド withグルート」実施**

←「イッツ・ア・スモールワールド」ならではの愛らしいスタイルでデザインされた、マーベル・スタジオのキャラクターたちが期間限定で登場。ボートの新しい旅が楽しめます。

**7/16「ハンガーステージ」の新規ショー
「ドリームス・テイク・フライト」スタート**

←飛行機工場を舞台に、ミッキーたちが活躍する新しいステージショー。彼らが力を合わせて飛行機作りに奮闘する姿を歌やダンスで披露します。

**2026年以降に
ディズニー映画『シュガー・ラッシュ』をテーマにしたアトラクション登場**

↑お菓子の国のレース・ゲーム"シュガー・ラッシュ"の世界を救うため、ゲストは映画に登場したラルフ、ヴァネロペたちと力を合わせて、キャンディ大王に挑みます！

↑アトラクションの外観。隣にはショップも。

**新たな
「スペース・マウンテン」
オープン！**

↑新たな性能や特殊効果が加えられ、いままで以上のスリルと興奮に満ちた宇宙旅行が体験できます！

**News
2028年度、
ディズニークルーズ就航予定**

東京ディズニーリゾートを運営する（株）オリエンタルランドは、2028年度予定で「ディズニークルーズ」を就航させます。東京港を主要発着拠点として、ディズニーならではのマジカルな船旅が満喫できます。

Chapter 7

ディズニーの記念日と四季

Anniversary

2月22日はディズニーマリーの日、3月2日はミニーマウスの日。
ディズニーには、いろいろな記念日があるんです。
ディズニーのかわいいアートとともに
2025年4月から1年間の予定を見てみましょう。

（　）内はオープン年または公開年。映画の公開年はアメリカの公開日です。

2025 April 4月

Chapter 7

2025年の
イースターは
4月20日

HOPPIN' into Spring

2025		4	April			
SUN	MON	TUE	WED	THU	FRI	SAT
		1	2	3	4	5
6	7	8	9	10	11	12
13	14	15	16	17	18	19
20	21	22	23	24	25	26
27	28	29	30			

- **1日** エイプリルフール
- **2日** チップ＆デール　デビュー (1943)
- **12日** ディズニーランド・パリ グランドオープン(1992)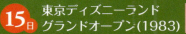
- **15日** 東京ディズニーランド グランドオープン(1983)
- **22日** アースデイ
- **29日** 昭和の日

©Disney

2025 May
5月

2025			5	May		
SUN	MON	TUE	WED	THU	FRI	SAT
				1	2	3
4	5	6	7	8	9	10
11	12	13	14	15	16	17
18	19	20	21	22	23	24
25	26	27	28	29	30	31

- 3日 憲法記念日
- 4日 みどりの日 / スター・ウォーズの日
- 5日 こどもの日（6日振替休日）

- 11日 母の日
- 19日 『ダイナソー』25周年 (2000)

- 25日 グーフィー デビュー (1932)

Chapter 7

2025 JUNE
6月

- **15日** 父の日
- **9日** ドナルドダック デビュー (1934)
- **16日** 『わんわん物語』70周年(1955)
  上海ディズニーランド グランドオープン(2016)
- **18日** 『トイ・ストーリー3』15周年(2010)
- **19日** 『インサイド・ヘッド』10周年(2015)
- **22日** ウォルト・ディズニー・アーカイブス 55周年 (1970年設立)
- **23日** 『ポカホンタス』30周年(1995)
  ※プレミア上映6月10日・16日限定公開
- **26日** スティッチの日

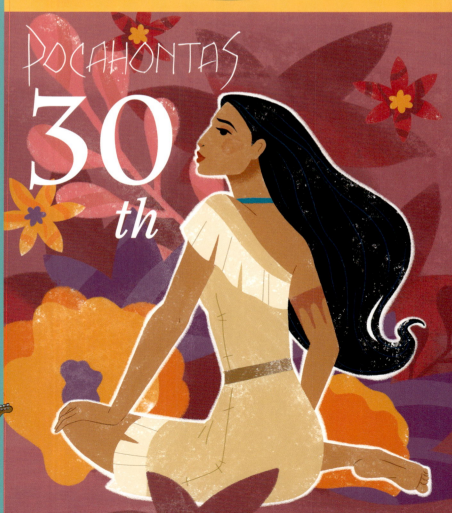

2025 July
7月

SUN	MON	TUE	WED	THU	FRI	SAT
		1	2	3	4	5
6	7	8	9	10	11	12
13	14	15	16	17	18	19
20	21	22	23	24	25	26
27	28	29	30	31		

2025 7 July

- 7日 七夕
- 17日 ディズニーランド・リゾートグランドオープン(1955)70周年
- 21日 海の日
- 24日 『コルドロン』40周年(1985)
- 30日 国際フレンドシップデー

2025 August
8月

Hunny day

2025		8	August			
SUN	MON	TUE	WED	THU	FRI	SAT
					1	2
3	4	5	6	7	8	9
10	11	12	13	14	15	16
17	18	19	20	21	22	23
24	25	26	27	28	29	30
31						

- 1日 スパイダーマンの日
- 3日 はちみつの日
- 11日 山の日
- 21日 ディズニーストア日本上陸33周年

Chapter 7

©Disney "Winnie the Pooh" characters are based on the "Winnie the Pooh" works, by A. A. Milne and E. H. Shepard

2025 September
9月

SUN	MON	TUE	WED	THU	FRI	SAT
	1	2	3	4	5	6
7	8	9	10	11	12	13
14	15	16	17	18	19	20
21	22	23	24	25	26	27
28	29	30				

- **4日** 東京ディズニーシー グランドオープン (2001)
- **5日** プルート デビュー (1930) 95周年
  ライトニング・マックィーンデイ
- **12日** 香港ディズニーランド グランドオープン (2005) 20周年
- **15日** 敬老の日
- **23日** 秋分の日

Chapter 7

●2025 October
10月

SUN	MON	TUE	WED	THU	FRI	SAT
			1	2	3	4
5	6	7	8	9	10	11
12	13	14	15	16	17	18
19	20	21	22	23	24	25
26	27	28	29	30	31	

1日 ウォルト・ディズニー・ワールド・リゾート グランドオープン (1971)

13日 スポーツの日

14日 くまのプーさん 原作デビューの日(1926)

16日 ウォルト・ディズニー・カンパニー 創立記念日 (1923)

31日 ハロウィーン

HALLOWEEN

Be Scared

©Disney ©Disney "Winnie the Pooh" characters are based on the "Winnie the Pooh" works, by A. A. Milne and E. H. Shepard

2025 November 11月

	2025	11	November			
SUN	MON	TUE	WED	THU	FRI	SAT
						1
2	3	4	5	6	7	8
9	10	11	12	13	14	15
16	17	18	19	20	21	22
23	24	25	26	27	28	29
30						

- **3日** 文化の日
- **4日** 『チキン・リトル』20周年(2005)
- **13日** 『ファンタジア』85周年(1940)
- **16日** 『ビアンカの大冒険 〜ゴールデン・イーグルを救え！』35周年(1990)
- **18日** ミッキーマウス、ミニーマウスデビュー(1928)
- **22日** 『トイ・ストーリー』30周年(1995)
- **23日** 勤労感謝の日(24日振替休日)
- **24日** 『塔の上のラプンツェル』15周年(2010)
- **25日** 『アーロと少年』10周年(2015)

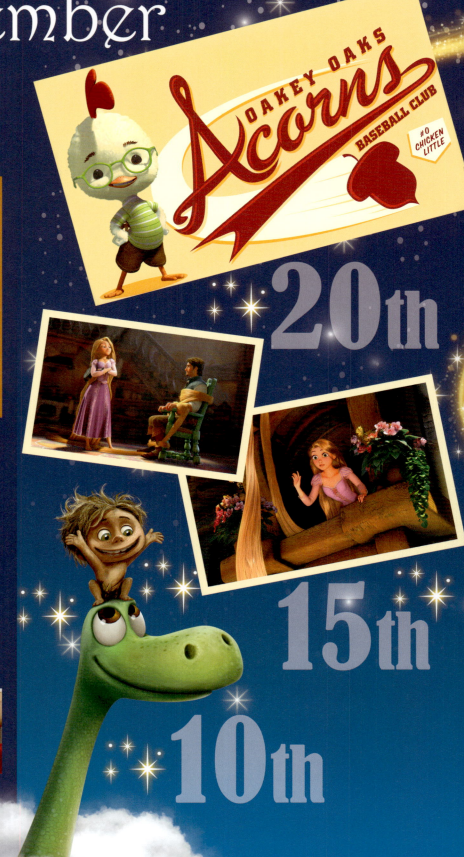

20th / 15th / 10th

Chapter 7

35th

2025 December
12月

SUN	MON	TUE	WED	THU	FRI	SAT
	1	2	3	4	5	6
7	8	9	10	11	12	13
14	15	16	17	18	19	20
21	22	23	24	25	26	27
28	29	30	31			

5日 ウォルト・ディズニー誕生(1901)

15日 ウォルト・ディズニー命日(1966)
『ラマになった王様』25周年(2000)

24日 クリスマス・イブ
『おしゃれキャット』55周年(1970)
※先行上映12月11日

25日 クリスマス

31日 大晦日

celebrate together

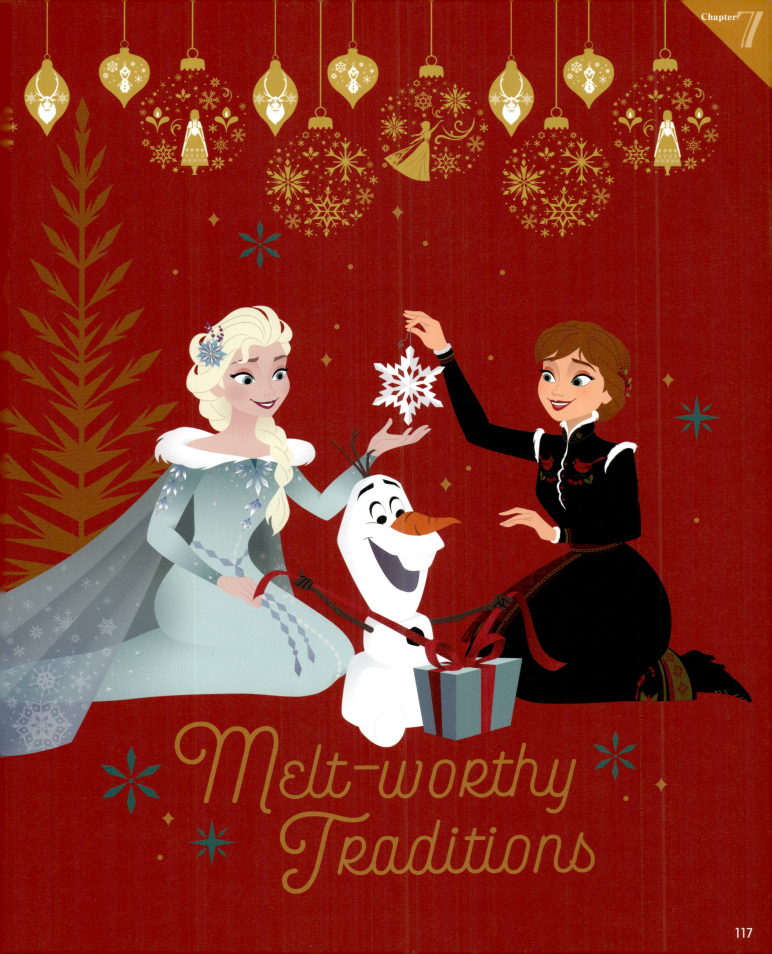

Anniversary

2026 January
1月

	2026		1	January		
SUN	MON	TUE	WED	THU	FRI	SAT
				1	2	3
4	5	6	7	8	9	10
11	12	13	14	15	16	17
18	19	20	21	22	23	24
25	26	27	28	29	30	31

- **1日** 元日

- **9日** デイジーダック デビュー(1937)
- **12日** 成人の日
- **16日** ヒーローの日

- **21日** ユニベアシティの日
- **25日** 『101匹わんちゃん』65周年(1961)

Anniversary

2026 February
2月

Happy Valentine

2026		2	February			
SUN	MON	TUE	WED	THU	FRI	SAT
1	2	3	4	5	6	7
8	9	10	11	12	13	14
15	16	17	18	19	20	21
22	23	24	25	26	27	28

- **3日** 節分
- **4日** 『プーさんとはちみつ』60周年（1966）
  ※後に『くまのプーさん／完全保存版』に収録された最初の短編の公開日
- **6日** ディズニーツムツムの日
- **11日** 建国記念の日
- **14日** バレンタインデー
- **22日** ディズニーマリーの日
- **23日** 天皇誕生日

March

2026

3月

2026 3 March						
SUN	MON	TUE	WED	THU	FRI	SAT
1	2	3	4	5	6	7
8	9	10	11	12	13	14
15	16	17	18	19	20	21
22	23	24	25	26	27	28
29	30	31				

- 2日 ミニーマウスの日
- 3日 ひな祭り
- 4日 『ズートピア』10周年（2016）
- 14日 ホワイトデー
- 18日 「ディズニー ツイステッドワンダーランド」ゲーム配信6周年
- 20日 春分の日

Chapter 7

もっと、ディズニーについて知りたい人のための本

講談社で発行しているディズニーの書籍や雑誌は、すべてディズニー公式です。
もっとディズニーを知って、もっとディズニーを好きになれる、
おすすめの本をご紹介！

\ 第1回の問題と解答はこちら！ /

ディズニーファン・チャレンジ 公式ガイドブック
講談社／編

第1回「ディズニーファン・チャレンジ」で出題された全193問と解答をくわしい解説つきで収録!!

クイズの本

どれも100問以上のボリューム！クイズを解く楽しさを満喫できます。

ディズニー 100クイズブック
講談社／編

ディズニープリンセス 100クイズブック
講談社／編

アナと雪の女王 100クイズブック
講談社／編

ピクサー with ディズニーマニアさん Quizzes & Answers
講談社／編

ヴィランズ vs. ディズニーマニアさん Quizzes & Answers
講談社／編

ディズニーアニメーション トリビアクイズ
ディズニーファン編集部／編

キャラクターの本

最新版 ディズニー全キャラクター大事典
講談社／編

最新版 ディズニーサブキャラクター700大事典
講談社／編

\ 2025年5月下旬 発売予定 /

最新版 ディズニープリンセスのすべて
講談社／編

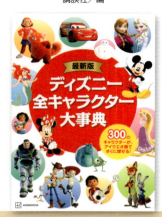

ディズニー映画に登場する主役から名脇役まで、300のキャラクターを紹介。これさえ知っていればディズニー通になれる！

ディズニー映画は、サブキャラクターもとても魅力的！　知っていると、パークに行くのも、映画を観るのも、ぐっと楽しくなるはず。

物語やキャラクター紹介、名シーンなど、全13人のディズニープリンセスを完全網羅。お城やラプンツェルの塔の秘密も！

おはなしの本

東京ディズニーリゾートに行きたくなる17のおはなし
講談社／編

『ピーター・パン』『ダンボ』など、東京ディズニーリゾートで大人気のアトラクションや施設の、もとになった物語17作品を収録。

保存版 ディズニーおはなしだいすき プリンセスコレクション
講談社／編

ディズニープリンセス6人の物語を収録。細部まで語られた本書は、愛蔵の価値あり。物語をじっくり味わえます。

世界につながるディズニーストーリー

小学1年の漢字（ふりがなつき）を使用。ひとり読みの練習に最適！ハードカバーの豪華な装丁なので贈り物にも。

ディズニーゴールド絵本

累計1000万部のディズニー絵本定番シリーズ。
最新映画のストーリーから名作まで、大きな絵で楽しめます。

123

深掘りするための本

ウォルト・ディズニー 創造と冒険の生涯 完全復刻版
ボブ・トマス／著
玉置悦子、能登路雅子／訳

ウォルトの祖先から、ウォルト亡き後に兄のロイが弟の夢を実現するまでを描いた、ウォルト・ディズニー伝記の決定版です。

ウォルト・ディズニー 夢をかたちにする言葉
講談社／編

ウォルト・ディズニーが残した珠玉の言葉の数々を集めた名言集。原語である英語と日本語で紹介しています。

ミッキーマウス 90のひみつ
講談社／編

ミッキーに関する秘密を、映画はもちろん、パークやグッズ、仲間たちについて、90も掲載。ミッキー通になれます。

ディズニー・ヴィランズのすべて ディズニー・ヴィランズ 完全ガイドブック
講談社／編

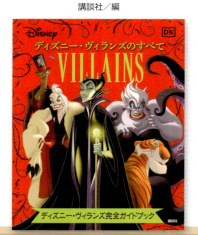

アースラなどの有名どころから、『トイ・ストーリー』シリーズのシドやザーグまで！ディズニー・ヴィランズが勢ぞろい。

くまのプーさん FAN BOOK
ディズニーファン編集部／編

原作や、ディズニーが製作したアニメーション『くまのプーさん』ほか、プーの魅力を全網羅。プーさん初のかわいいファンブックです。

アナと雪の女王 Fan Book
ディズニーファン編集部／編

日本公開から10周年の2024年に発売された、「アナ雪」初のファンブック。トリビアやディズニーパーク情報なども満載。美しく輝く表紙も魅力です。

月刊ディズニーファン

1990年に創刊された、日本で唯一のディズニーの大人向けオフィシャルマガジン。テーマパーク、映画、グッズなど、ディズニー情報を発信しています。毎月25日ごろに発売。

ディズニーアニメーション大全集 新装改訂版
ディズニーファン編集部／編

短編も含むディズニーとピクサーのアニメーションを、2021年の『ラーヤと龍の王国』まで網羅したディズニーのバイブル。箱つきの美しい装丁で、ギフトにも最適です。

『トイ・ストーリー』から貴重な短編まで ピクサー アニメーション大全集
ディズニーファン編集部／編

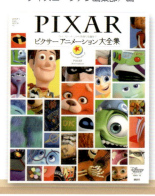

スタジオの成り立ちから2022年の『バズ・ライトイヤー』までを網羅した、ピクサー作品のバイブル。ディズニーパークのアトラクションや、ディズニーホテルも掲載。

東京ディズニーリゾートの本

**もっと知りたい！
東京ディズニーランド
くわしすぎる大図鑑**
講談社／編

**東京ディズニーリゾート
魔法のディクショナリー
英語と文化の深掘りガイド**
関口英里／監修
ディズニーファン編集部／編

**東京ディズニーシー
パーフェクトガイドブック2025
ファンタジースプリングスSPECIAL**
ディズニーファン編集部／編

東京ディズニーランドを、今までにないくらい詳しく解説。読んでからパークに行けば、今までと違った景色が見えてきます！

看板やポスターなど、パーク内の「英語」の表記に注目して、ディズニーの奥深い世界をガイド。詳しい解説でマニア心をくすぐります。

「ファンタジースプリングス」も掲載した最新のガイドブック。キャラクターのトレカとポストカードつき。

**東京ディズニーリゾート
アトラクション
ガイドブック2024-2025**
ディズニーファン編集部／編

**東京ディズニーリゾート
レストラン
ガイドブック2024-2025**
ディズニーファン編集部／編

**東京ディズニーリゾート
トリビアガイドブック
2025**
ディズニーファン編集部／編

ファンタジースプリングスの新アトラクションも含めた、2つのパークのアトラクションを網羅。

ファンタジースプリングスの新レストランを含めた、2つのパークのメニューを全紹介。ディズニーホテルも！

パークのトリビアを集めて120問のクイズ形式にしたガイドブック。待ち時間などにも重宝しそう。

まだまだ、こんな本もあります！

**子どもといく
ナビガイドシリーズ**

完全ガイドシリーズ

**完全準備ガイド
大きなマップつき**

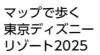

**マップで歩く
東京ディズニー
リゾート2025**

「ディズニーファン・チャレンジ＋」の答え：P46「誰の目？」 1 マイク・ワゾウスキ 2 野獣 3 ヴァネロペ 4 ジャスミン 5 アースラ 6 スカー 7 クルエラ・ド・ビル 8 エイリアン（リトル・グリーン・メン） 9 ベイマックス 10 マグニフィコ王 11 ダンボ 12 アナ　P96「誰の毛？」 1 シンバ 2 サリー（ジェームズ・P・サリバン） 3 マーリン 4 マウイ 5 ロッツォ 6 ラプンツェル 7 バニー 8 ボルト 9 ニック 10 シスー 11 レディ 12 ドリー

125

ディズニーファン・チャレンジ with 中間淳太

JUNTA NAKAMA

僕が出題したP4のクイズの答えと解説です。みんな、わかったかな？

A1 『シンデレラ』に登場するネズミのガスについてのクイズ。正解は③です。

「あなたの名前はガスよ」とシンデレラが言うんです。「なんでやねん！」って思っていろいろ調べたんです。英語の字幕は「Octavius」。「じゃあOctaviusという名前にしましょう……略してGusね」と、シンデレラ。通常、OctaviusをGusと略すことはないので調べてみると……古代ローマの初代皇帝の元の名前はOctaviusで、その後Augustusに。AugustusのGus。皇帝の名前の他にも「8番目の男の子」って意味もあるらしいです。ガスが英語で喋るのを聞いていると、イントネーションがラテン語訛りなのかなって。ラテンチックな訛りで話すガスに、ラテン語由来の名前（注）をつけるシンデレラの教養が見えますよね！

←毎日、継母にこき使われているシンデレラの友だちはネズミや小鳥などの動物たち。ある日、ネズミ捕りに捕まったネズミを助けてやって服を着せ、ガスという名前をつけます。

編集部注／ガスの名前の由来やラテン語訛りについては諸説あります。

A2 『かしこいメンドリ』についてのクイズ。正解は②です。

ドナルドは、ブタのピーター・ピッグのアコーディオン（のような楽器コンサーティーナ）の演奏にあわせて歌ったり踊ったりしていて、とうもろこし畑のお手伝いをしてほしいというメンドリのお願いを、ずっと断り続けていました。ちなみに、この2人のチーム名は、その名も「なまけ者の会」（笑）。ミッキー＆フレンズの中ではドナルドが一番好きなんです。何言ってるかわからんところも好きです。ドナルドの誕生日の時に、ディズニープラスの配信で『かしこいメンドリ』を初めて観て、「しっかり帽子をぬいで挨拶はするのにメンドリを手伝わへんのかい！」って笑っちゃいました。このデビュー後、ドナルドは爆発的に人気が出て、ミッキーと共演するまでになり、単独シリーズも作られます。デビュー作で相棒だったピーター・ピッグはこの作品限りでした。なぜ？ デビュー作でのドナルドは悪い子ですが、お辞儀の仕方とかダンスとか、お尻を蹴り合ったりする仕草さえも可愛げがあったからかな。ピッグは意地悪そうに見えました。

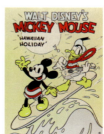

↑『ミッキーのハワイ旅行』(1937)と『ドナルドの消防隊長』(1940)のポスター。

A3 現実の世界で宇宙に行ったことのあるキャラクターは……の正解は①。

　2008年に、カリフォルニアのディズニーランド・リゾートと、フロリダのウォルト・ディズニー・ワールド・リゾートに、アトラクション「トイ・ストーリー・マニア！」がオープンしました。そのときの記念に、ディズニーとNASAがタッグを組んで、バズ・ライトイヤーのフィギュアを載せたスペースシャトル、ディスカバリーを宇宙に打ち上げ、国際宇宙ステーションに到達しました。打ち上げの際はウッディも見届けたんですよ！　楽しい！　このネタは、ディズニー仲間と話していたときに聞いて、調べてみたら、「あ、ほんまや！」って。NASAがディズニーに協力したのもすごい。帰還後、ウォルト・ディズニー・ワールド・リゾートでのパレードに、バズのモデルになった宇宙飛行士バズ・オルドリンさんが参加していたのもすごい！

↑『トイ・ストーリー』。自分を本当のスペース・レンジャーと思い込んでいるオモチャのバズは、バズ・ライトイヤーのテレビCMを見て愕然とします。

↑2022年に公開された『バズ・ライトイヤー』。オモチャのバズの元になった、人間のスペース・レンジャーの物語です。

A4 ウォルト・ディズニーの作業場があったのは？正解は②。

　消防署の2階がウォルトの作業場でした。外から見て、窓にランプがついていたらウォルトがいたという印。ウォルト亡き今も、ランプは灯り続けています！　いい話ですよね。ディズニー好きの中では結構有名な話ですが、実は僕はまだ見たことはないんです。カリフォルニアには2020年に初めて行ったんですが、浮かれすぎて、ランプを確認するのを忘れちゃったんです！　アトラクション全制覇することばっかり考えていて……。次回は絶対見に行きます。フロリダも行きたいしディズニー・クルーズラインも行ってみたい。当分死なれへんなあ。

ディズニーって深いよね！

こんな映画もオススメです

　『トイ・ストーリー』は、父と映画館に行ったのでよく覚えています。満席で、通路に座って観ました。小さい時の数少ない思い出です。オモチャ大切にしようって思った。ウッディのオモチャ買ってもらって、靴底にアンディって書いてあるのを絵の具で塗りつぶして自分の名前を書きました。シリーズでは1と3が好き。

↑『トイ・ストーリー2』で、アンディと書かれた靴底を確認するウッディ。

→『トイ・ストーリー3』は、ファンのあいだでも評価の高い作品。大学生になるアンディから幼い女の子ボニーへ、歴史は引き継がれます。

　『リメンバー・ミー』、好きです。祖父と祖母が亡くなったとき、めちゃくちゃ悲しいんですが、この映画を観たおかげで救われました。命がなくなっても死後の世界で楽しく暮らしてるんだと思ったら、悲しみが軽減されました。生きている間の記憶があれば、その人は生き続けているんだというストーリーも好き。家族全員で観たいです。いい映画は大切な人と観たいですね。

←メキシコの、いわゆる"お盆"、死者の日に迷い込んだ少年ミゲルの物語。金色のマリーゴールドの花が、死者の国にかかる橋一面に咲き誇ります。

　『アラジン』好き！　プリンスだったらダントツ、アラジンが好きです。かっこよくていいやつ。2024年のディズニー・ハロウィーンで、アリ王子の仮装もしました！　僕、ジャスミンが初恋だし。

→名曲「ホール・ニュー・ワールド」。アラジンとジャスミンのデュエット。

　『サンタのオモチャ工房』は僕のファーストディズニーです。1932年の短編ですが、僕は幼い頃、ビデオで何回も観ました。オモチャがリズミカルに出来上がっていく様子とか、人形をびっくりさせて髪が逆立ったところを束ねるとか、シーンが子ども心に響きました。久々にディズニープラスの配信で観て、泣きそうになりました。どのシーンも全部覚えてる！って。

←『サンタのオモチャ工房』は、「シリー・シンフォニー」という短編アニメーション・シリーズの中の一編でした。

公式ディズニーまるごと完全ガイドBOOK

「ディズニーファン・チャレンジ 2024」全問題と解答＆解説つき

2025年4月22日　第1刷発行

編	講談社
編集協力	境沢あづさ　農村清人
問題協力	岡村優子　小宮山みのり　境沢あづさ
	島田綾子　中村裕子（五十音順）
装丁・本文レイアウト	横山よしみ
写真協力	月刊「ディズニーファン」編集部
協力	株式会社サイバード
	株式会社ニュートラルコーポレーション
	ウォルト・ディズニー・ジャパン株式会社
	株式会社オリエンタルランド
発行者	安永尚人
発行所	株式会社　講談社
	〒112-8001
	東京都文京区音羽2-12-21
	編集 ☎03-5395-3142
	販売 ☎03-5395-3625
	業務 ☎03-5395-3615
印刷所	株式会社DNP出版プロダクツ
製本所	大口製本印刷株式会社

©2025 Disney　©2025 Disney/Pixar
Roger Rabbit Character ©Disney/Amblin
©2025 Disney "Winnie the Pooh" characters are based on the "Winnie the Pooh" works,
by A. A. Milne and E. H. Shepard ©2025 Hasbro All Rights Reserved.
©Disney Tim Burton's "The Nightmare Before Christmas" ©Touchstone Pictures.
©POOF-Slinky,LLC. ©Mattel, Inc. All rights reserved.
Mr. and Mrs. Potato Head® ©Hasbro, Inc.
Disney/Pixar elements ©Disney/Pixar,; Hudson Hornet™; Plymouth Superbird™; Petty™;
©&TM 2025 LUCASFILM LTD. ©2025 MARVEL

落丁本・乱丁本は購入書店名を明記のうえ、小社業務あてにお送りください。送料小社負担にておとりかえいたします。この本の内容についてのお問い合わせは、海外キャラクター編集あてにお願いいたします。本書のコピー、スキャン、デジタル化等の無断複製は著作権法上での例外を除き禁じられています。本書を代行業者等の第三者に依頼してスキャンやデジタル化することはたとえ個人や家庭内の利用でも著作権法違反です。

ISBN978-4-06-539119-8
Printed in Japan
N.D.C.798　127p　26cm
定価はカバーに表示してあります。

この本についての
ご感想を
お聞かせください。

回答はこちらから